U0073605

人生不是保持微笑就好

情緒化
也沒關係

國際演說家
情緒管理專家 **吳娟瑜** 著

首先要感謝各位讀者，當您翻開這本書，代表您和我相似，從小到大，我們在情緒成長路上巔巔仆仆，有時候，我們穩如泰山，不管人間世事如何變化，就是如如不動，順其自然。

可是，有時候情緒的狂風驟雨突降，彷彿雲霄飛車，就是急轉彎，急轉彎，再急轉彎，我們自我安慰：「This is life！」但多半時刻，是驚魂未定地探索內在：「這一趟情緒驚險之旅，到底想告訴我什麼？為什麼我焦慮、錯愕、不安？」

不管我們是因為失戀、失婚，是工作前途舉棋不定，是對過往人生懊惱失望，對未來方向茫無所知而情緒化；情緒原點的尋根，情緒起伏的接受，情緒管理的掌握，其實是有跡可尋，有路可走。

談到「情緒化」，多數是負面的感覺，認為孩子情緒化是不乖；夫妻情緒化是賀爾蒙失調；同事情緒化是脾氣不好；客戶情緒化是他有錢、有條件生氣。

事實上，「情緒化」是指「情緒有變化」，這是人之常情，非關男女性別，非關年齡大小，非關位階高低。凡是人，本來就可以有情緒，可以有疏通的管道。

多數人被污名的「情緒化」所影響，以致有點感覺，有點臉上的變化，有點口氣的不妙，馬上被周遭的人指責：「你這個人太情緒化了。」殊不知此時此刻把「情緒」壓抑下去，把「感受」和「需要」吞嚥下去，硬生生地壓到潛意識裡，將來碰到類似的

情境，是會爆發更多的負面情緒。

「情緒化也沒關係」是我深深感受周遭人心不安、情緒浮躁，因而著筆成書。

二十年來，情緒管理在社會上仍是熱門話題，也一直是主辦單位邀請的主題之一，我也一直對情緒化的成因、情緒管理的妙方，以及擴大情緒空間的研究戮力不止，相信明眼的您，一定看得出本書的著眼點。

也就是在提昇 EQ 能力、穩定情緒能量的學習路上，「Why」的情緒探索固然重要，更重要的是「How」的情緒管理，有些過往和父母的關係，和情人的誤會，和同事的疙瘩，和客戶的糾結，儘管曾經留下不堪的印痕，然而更需要學習──「How」：如何走出情緒創傷、如何創造情緒亮點、如何從「治標」和「治本」不同面向，卻可以同行並進的情緒管理成長出來。

建議大家來一趟情緒探索之旅（Why），再積極進入情緒管理（How）的成長之路，這個人生是很有趣的，一路閱讀下去，將發現原來您比想像中的自己更堅強，而您學習了這本書的內容之後，更有能力去理解周遭的親友同事，當他們來尋求人生解答，來探問何去何從。您絕不會像過去那麼反應：「我都無法照顧自己的情緒，又如何關心你？」您也不會問對方：「你怎麼一直在相同的困擾裡打轉？」

脫離了「Why」的互動模式，相信您一定會轉身面對他們，

同時用「How」的情緒管理妙方，傾身向前地問：「你如何找到下一步的調整？」讓對方從情緒低潮脫身而出。

沒錯，情緒管理路上需要換一點新把戲、新方法了。因為，脫胎換骨的您絕不放棄成長、絕不棄自己於情緒荒蕪雜亂、不見天日的古井裡。您渴盼學到容許自己和旁人有情緒自由表達的安全感。

走筆至此，感謝啟思出版社歐綾纖總編輯、孫琬鈞主編，她們看出這本書對讀者成長的重要性，也帶領編輯團隊重新彙整篇章架構，讓全書充滿新生命，非常感激！

祝福大家，我們一起成長哦！

吳娟瑜

{ 目錄 }

作者序　情緒有變化 002

☁ **第一部**

展開情緒探索之旅：「你有什麼感覺？」
（內含 EQ 作業）

情緒化 01　生氣，找出負向情緒的引爆點............. 012

情緒化 02　嫉妒，看不到自己的好...................... 014

情緒化 03　擔憂，放下「憂心」的「擔子」......... 016

情緒化 04　沮喪，哪個想法被卡住了 018

情緒化 05　自責，把「應該」拿掉...................... 020

情緒化 06　寂寞，學習和自己相處...................... 022

情緒化 07　害羞，敞開靈魂的尺度...................... 024

情緒化 08　衝突，如何找到心靈平靜 026

情緒化 09　覺察，自我成長的第一步 028

情緒化 10　依賴，創造親密而自由的關係............. 030

情緒化 11　忽略，渴望被關注的感覺 032

情緒化 12　恐懼，一種不安全感 034

情緒化 13　失望，不能改變事實的遺憾 036

情緒化 14　憎恨，寬恕是最好的解藥 038

第二部

現在的情緒來自過去的經歷
（內含 EQ 作業）

情緒原點 01　為什麼放不下 042

情緒原點 02　為什麼想吵架 045

情緒原點 03　為什麼容易緊張 048

情緒原點 04　為什麼急躁 051

情緒原點 05　為什麼擔心分離 054

情緒原點 06　為什麼易怒 057

情緒原點 07　為什麼熱心過度 060

情緒原點 08　為什麼身體不好 063

情緒原點 09　為什麼保持距離 066

情緒原點 10　為什麼是工作狂 069

情緒原點 11　為什麼親子對立 072

情緒原點 12　為什麼不安 075

情緒原點 13　為什麼討好別人 078

情緒原點 14　為什麼洩氣 081

情緒原點 15　為什麼怕黑 084

第三部

怎麼處理情緒，
將影響你一生的際遇

前置作業 00　培養情緒靈敏力.............................090

日常相處 01　先向自己「討愛」.............................104

日常相處 02　把感覺大聲地說出來.............................106

日常相處 03　認知自我治療法.............................109

日常相處 04　清理「情緒債務」.............................112

日常相處 05　敞開「自我疆界」.............................116

日常相處 06　接納正反情緒.............................120

日常相處 07　不做受害者.............................122

日常相處 08　放下完美主義.............................124

日常相處 09　身體是有記憶的.............................127

日常相處 10　「孵夢」來調整情緒.............................130

日常相處 11　慎選口頭禪.............................133

日常相處 12　情緒數字是指標.............................136

日常相處 13　人生是來享受的.............................138

Practice A　恰到好處的情緒化.............................140

Practice B　自我省思.............................141

戀愛相處 01　男人要開，女人要放 142

戀愛相處 02　致命的吸引力 144

戀愛相處 03　當對方來傾訴愛慕 146

戀愛相處 04　每日一愛人 148

戀愛相處 05　戀愛性格三類型 151

戀愛相處 06　愛人的動靜之間 153

戀愛相處 07　信任先於相愛 156

戀愛相處 08　爭吵的微妙意義 158

戀愛相處 09　當愛人有了愛人 160

戀愛相處 10　當你決定離去 162

戀愛相處 11　選擇繼續愛他 166

戀愛相處 12　寄生之愛 169

戀愛相處 13　這是你要的愛嗎？ 172

Practice A　　恰到好處的情緒化 174

Practice B　　自我省思 175

親人相處 01　碰到犯錯兒女，給他機會調整 176

親人相處 02　碰到異類兒女，給他關心引導 181

親人相處 03　碰到受挫兒女，給他成長助力 184

親人相處 04　碰到強勢婆婆，給她軟釘子 187

親人相處 05　碰到霸道老公，給他反省空間 190

親人相處 06　碰到好強老婆，給她好言相勸 193

親人相處 07　碰到冷漠老爸，給他暖心上身 196

親人相處 08　碰到軟弱老媽，給她硬起來 199

親人相處 09　碰到盛怒兒子，給他冷靜抒解 202

親人相處 10　碰到嘮叨爸媽，給他勇敢表達 205

親人相處 11　碰到權威叔叔，給他討論空間 209

親人相處 12　碰到重組手足，給他清楚界線 211

親人相處 13　碰到自私妯娌，給她顏色看看 214

Practice A　恰到好處的情緒化 217

Practice B　自我省思 218

☁ 第四部

⋯如何面對情緒勒索？
（內含自我檢測）

解救方針 01　情緒勒索 220

解救方針 02　他罰型的人常怪罪他人 224

解救方針 03　自罰型的人令人內咎不已 228

解救方針 04　無罰型的人挺折磨人 232

解救方針 05　勇敢地對情緒勒索說 NO 237

☀ 第五部
超實用急救帖，
提升你的情緒自癒力

情緒急救帖 01　積極轉念法 242

情緒急救帖 02　情境演練法 244

情緒急救帖 03　創造回饋法 247

情緒急救帖 04　雙贏策略法 250

情緒急救帖 05　自律訓練法 253

情緒急救帖 06　情緒鏈調整法 256

情緒急救帖 07　冥想寬恕法 259

情緒急救帖 08　空椅子治療法 262

情緒急救帖 09　團體諮商法 265

情緒急救帖 10　收場溝通法 268

後記　生活在行動裡 270

第一部

展開情緒探索之旅：
「你有什麼感覺？」

我們必須設法打開心靈和

身體的溝通管道，

將生命的信息送進體內。

情緒化 01 生氣，找出負向情緒的引爆點

　　每回耐心等候應酬晚歸的丈夫，她總是告訴自己：「態度要好一點。」可是等到丈夫一踏進門，她還是忍不住地擺出臉色，開始數落……。

　　他，則是只要看到兒子不認真做功課，到處走動，就會厲聲怒斥……。

　　另外一位他，在公司服務四年多了，其實是滿欣賞主管的學識和能力，可是只要主管找他個別談話，他的內心就有反感、有抗爭。

　　她、他、她、他……所有我們看得到別人的行為模式、情緒反應，其實皆可以映照到我們自己的人生──我們常對令我們不滿意的人生氣，究竟是真的對方罪不可赦？還是我們的內在尚有需要彈性調整的地方？

　　情緒，就像情感有思緒，也彷彿情感的絲絮，我們此刻所看到的負向情緒反應都有脈絡可尋。也就是一個人為何容易生氣，如果願意從自我探索的路途去尋找答案，其實是其來有自的。

不能忍受丈夫晚歸的太太，可能在小女孩時期常看到母親和晚歸的父親起爭執的畫面；不能忍受兒子吊兒郎當的爸爸，可能來自要求完美主義的家庭；無法和主管親近相處的屬下，可能從小和父母有著緊張關係。

所以，負向情緒可能在一個類似的畫面被引爆了。

此時此刻，我們當然可以儘快找到自我調整的方法，比如暫離現場、深呼吸、找人傾訴等，然而這些方法只是「治標」。「情緒管理」的根源，最好還是從「治本」著手。願意從原生家庭去探尋家人關係圖形，願意找出那個曾經讓我們有受傷害感覺的畫面，然後開始進行寬恕和整合的工作，這樣，那個負向情緒的引爆點，才有機會漸漸被撫平。

EQ 作業

一、從小誰最常惹你生氣？那個畫面還能從記憶深處找到嗎？

_____

_____

二、你運用了什麼策略撫平負向情緒的引爆點？

_____

_____

情緒化 02　嫉妒，看不到自己的好

嫉妒，就表面上看來，是因為「競爭」而引起的。會有競爭，是來自於有了「比較」。比較的時候，我們可能又會有以下幾種反應：

一種是欣賞，也就是能接納對方的好，把對方當作學習的榜樣；一種是羨慕，是高估對方，但是不受對方影響，所以無傷大雅；一種是嫉妒，也就是只看到別人的好，而看不到自己的好，心中起了暗中較勁的意味。

生活裡面多了嫉妒，容易造成情緒負擔。例如，我們可能會因為與人產生摩擦，而有人際相處的壓力；也可能總覺得自己慢他人一拍而感到洩氣。

從小我們常聽到一些說法：「姊姊比較乖，你總是不聽話」、「你看隔壁小龍多好，回到家就開始寫功課」，或是「這次月考再退步，我只帶妹妹出去玩」。比來比去，心裡總是不服氣。萬一事實又證明自己真的做得沒別人好，那麼更是從此「看不到自己的好」。

　　這種「看不到自己的好」，是形成嫉妒的內在因素。往往讓一個人在成長的歲月裡好爭好強，有時還伴隨著自大或自卑。

　　在學習情緒管理的過程裡，讓我們回到生命的原點吧！

　　讓我們拿出一張紙、一枝筆，多練習寫下自己可愛的人格特質；或是對著鏡子，微笑地告訴自己：「我表現得不錯」；或是讚美別人的同時，也承認自己的優點。總之，當我們能夠一點一滴地學習和自己好好相處，自信心自然衍生，至於嫉妒，則再無容身之地了。

一、你擁有以下哪些可愛的人格特質？

_____

_____

_____

二、你的同儕（手足）擁有哪些優點？你同時也擁有哪些優點？

_____

_____

_____

情緒化 03　擔憂，放下「憂心」的「擔子」

有一位女性上班族，擁有一份喜愛的工作，同事間的相處也十分融洽，但她總是不快樂，常操心這個，擔憂那個。

如果問她：「你究竟在擔憂什麼呀？」

她會說：「我也搞不清楚，好像也不是頂重要的事，但就是會掛在心上。比如說，下次開會，經理如果問我意見，我該怎麼回答？或是爸爸的生日快到了，我要不要回家鄉一趟？」

有一天，她回到家鄉。晚飯後，伴隨母親、祖母、叔嬸……坐在稻穀場聊天，就像小時候那樣乖巧地聆聽。聽著、聽著，她聽到這些長輩們的習慣用語：「很難說哦！到時候不知道會變成什麼樣」、「我就是擔心做不到」。

這不也就是此刻的她的習慣用語嗎？

對「未來」尚未發生的事，在「此刻」事先去煩惱操心，這就形成了「擔憂」的負向情緒。若要革除這種「擔」不必要的「憂」的習慣，不妨覺察這件擔憂的事件，究竟是和別人有關？還是和自己有關？如果是和別人有關，其中又可分為「人」或「事」。

如果是「人」，那麼需要去整合關係，改善中間的人際相處；如果和「事」有關，則需要增強處理事情的行動力；若和自己有關，那麼可以運用自我管理來調整現況。

　　像前述這位女性上班族，不妨養成一個新的習慣：把此刻心中擔憂的事寫下來，然後做一個簡單的評估。哪件事可以不歸自己操心，或是時候未到，那麼就把它刪除；哪件事該注意，比如開會可提的報告，不妨事先列下兩、三項。當這樣用具體行動來有備無患，「憂心」的「擔子」就可以擺下來了。

EQ作業

一、你此刻心中擔憂的事情有以下幾件：

_____

_____

_____

二、哪些並不屬於你的責任範疇；哪些現在擔心也沒有用；又有
　　哪些是此刻就該注意的？請將它們分門別類列舉出來：

_____

_____

_____

沮喪，
哪個想法被卡住了

通常我們看到情緒沮喪的人，不免習慣性地想去安慰他、護衛他。沮喪的人，往往也表現出一副不知所措、痛苦難熬的模樣。

等一下！在這裡，我們很需要進一步地觀察和了解「沮喪」。「沮喪」可以說是除了「生氣」之外，較常見的負向情緒之一。它的出現有以下這些可能性：

一、為了尋求慰藉：

有些人習慣在看到具有某種特質的人時，就表現出沮喪。例如，年幼時母親給予過多的呵護，長大碰到困難時，渴望找到母性強烈的女性來依靠。

二、為了讓對方內疚：

這意思就是說，嘴巴沒有明講，但是在行為上表現出「要對方為今天的結果負責」。像戀愛中的情人，有時候會用這種「沮喪」的模式來折磨雙方。

三、自己覺得沒有希望：

　　腦袋裡裝滿了負向思考，認定自己——怎麼做都做不好。

　　碰到有沮喪傾向的人，請你在他表現良好的時候，馬上正向增強他的信念。例如，他說到「我相信我可以……」，你就以「對，你正在努力……」或是「對，你相信你可以克服……」等語句來鼓勵他。

　　如果自己有「沮喪」的習慣，除了加強運動、調整作息、促進身心平衡外，值得檢視一下，到底在「想法」上哪裡被卡住了？當我們能夠把負向思考列下來，例如「我總是表現不好」改寫成「我可以進一步改善」或「我有心調整」等，這時，沮喪的感覺將逐漸被振奮取代。

EQ作業

一、請將「我總是不能……」改寫成「我可以變得……」。（例如：「我的成績總是很差」→「我的成績可以越來越好」。）

_____

_____

_____

_____

自責，把「應該」拿掉

　　她明知這個男友並不適合她，幾次分手的提議已經到口邊，可是又十分自責，覺得不應該如此傷害對方。

　　他參加考試後，成績並不理想，他深深自責，覺得太對不起家人，當初應該更認真一點，更盡力一點。

　　自責的方式還有許多種，例如：

　　「當初我如果多幫他一點，今天事情也不會這麼糟。」

　　「都是我沒有管教好，孩子才變成這樣。」

　　「實在不應該推出這項企劃案，沒想到今天造成公司這麼大的損失。」

　　……

　　習慣於「自責」的人往往帶著「萬能思考」在看待事情，誤以為自己具有超能力，凡事應該把它做到好。如果沒做好，應該是自己做錯了，要不就是在過程中忽略了什麼。結果，不知不覺地承攬了別人的責任，也不知不覺地「保護」，或「溺愛」，或「姑息」了對方。

把「應該」拿掉吧！

當我們向別人說「你應該做好⋯⋯」時，往往會造成對方「自責」或「抗議」；當我們向自己說「我應該做好⋯⋯」時，往往會造成自己「內疚」或「自責」。

從今天起，每當我們開口說話時，不妨把「應該」改為「可以」，例如：「你可以做好⋯⋯」、「我可以做好⋯⋯」。

甚至就把「應該」兩字完全略去，學習接受自己並非「萬能者」，萬一犯錯，盡快行動改正即可。這樣不帶「自責」的人生，做人會更有彈性，做事則會更有發展空間。

EQ 作業

一、你最近一次感到自責的事情是⋯⋯？

二、請將「都是因為我⋯⋯，我當時應該⋯⋯」的「我應該⋯⋯」改成「我可以⋯⋯」。

寂寞，
學習和自己相處

　　我們從小就在尋找一些親密的連繫，笑容、撫摸、細語、擁抱……尤其是和母親之間，一種安全、溫馨、無憂無慮的連繫。

　　這份連繫的感覺跟著我們一天天地長大，卻漸漸失去了依著，因為在我們的內裡有一種新的聲音——我們渴望獨立成人。可是另一方面，我們卻又害怕新的環境、新的挑戰、新的人生，因此，在勇往直前的時候，我們渾然忘我；然而在午夜夢迴的時刻，我們卻找到了寂寞作伴。

　　這種寂寞的感覺，讓我們若有所失。不知不覺地，我們依循著童年的依戀，努力在人生各種旅程中，尋找和我們情趣相投、精神相屬的人。通常，「墜入情網」就是這樣地產生了。

　　「墜入情網」給我們一種狂喜的感覺，精神空虛的那部分竟然被填滿了，生命的趣味、豐富、浪漫的感覺通通出籠，然而，就像點燃的火柴一樣，墜入情網的感覺在狂燒一番後，短時間內即趨於平靜，趨於冷卻，寂寞的感覺再度出現。

　　君不見，許多不甘寂寞的人得了「愛情上癮症」，不斷地在

愛愛戀戀中尋找自己。

如何不寂寞呢？

多愛自己一點吧！

每天至少有三十分鐘「靜心獨處」的時刻。聽聽自己的內在聲音、給自己一個溫暖的擁抱、做自己喜歡做的事、為成長做記錄等。當我們學會和自己相處時，就可以跟寂寞說再見了。

EQ作業

一、你今天跟你的內心有段對話：

_____

_____

_____

_____

二、你今天做了什麼讓自己感到開心的事？

_____

_____

_____

_____

害羞，
敞開靈魂的尺度

「害羞」兩個字，從字面上了解，彷彿就是因為羞恥而害怕。其實在外人看起來，我們並沒有做錯什麼，可是我們卻認定自己做錯了事而坐立難安。

尤其當我們看到在意的人，可能是喜愛的對象、可能是有決策權的主管、也可能是臺下昂首翹望的聽眾……一時就臉紅氣躁，手腳不知道往哪裡擺，嘴巴也不知道該講些什麼才好。

所謂我們認定自己做錯了事而害羞，就像是開口的第一句似乎不得體，或是今天的穿著不適合場面，或是剛才的某個動作不夠文雅……總是有理由找到自己「不夠好」的部分。

害羞的人，在靈魂的深處擺著一把大尺。

這把大尺上的刻痕來自於從小要求完美的家教，來自於表現過於優異的家人，也可能來自於缺乏親密相處的家庭，以致時時刻刻，不經意地在旁人面前，以靈魂內的大尺尺度自己的言行舉止。一邊暗自衡量，一邊就開始害羞了起來。

有一位男士相親了無數次，但每次面對小姐還是結結巴巴。

經過心理諮詢，發現原來他是獨子，從小受母親過度寵愛，他本人對母親也有很深的依戀，所以每次面對女性時，尤其是未婚、年輕女性，他才會手足無措，害怕對女性有不當的侵犯。

事實上，害羞無罪。

最重要是，如何把靈魂深處的那把大尺敞開來。對於渴望快速改善「害羞」狀況的人，我的建議是「每日一笑話」。練習把看來的、聽來的、親身經歷的笑話轉述。剛開始可能講得不完整，甚至有點彆扭，但是只要你開口講、持續地講，很快地，你會發現「害羞」被幽默、歡笑、友誼擠到另一旁去了。

EQ作業

一、你今天聽到／發生什麼好笑的事？你將這件事轉述給親朋好友聽，他們的反應是……？

　　_____

　　_____

　　_____

二、當你跟眾人分享有趣的事情時，你還會感到害羞嗎？

　　_____

　　_____

衝突，
如何找到心靈平靜

　　我們無時無刻不是生活在一些大大小小的衝突裡面。大的可能是國際間的戰爭侵略、議會裡的脣槍舌戰、公司裡的明爭暗鬥、家庭裡的關係失調，小的可能是個人內心的一些掙扎、矛盾、不舒服的感覺。

　　今天在此，我們主要探討的是個人內在的心理衝突。這些衝突存在於我們的每一個「意念」裡頭，而我們對每個意念的「解說」方式，又影響了我們的接受與否。

　　例如，在家裡、在辦公室或在公眾場合等，我們和某一個人的溝通出現障礙。這時，一個有彈性、自我接受度高的人，在「意念」上不會去批判，只會想辦法去「了解」，而「解說」的部分將是──「我需要和這個人進一步溝通」，或是「這件事我需要重新了解一下」。

　　然而，換作是一位自我要求高，或是對別人有高要求的人，在「意念」上可能多了些批判，在自我「解說」上將是──「我總是無法和人好好相處」，或是「我怎麼這麼倒楣，總是碰到這

種人」。在這樣的批判「意念」和負面「解說」之下，不知不覺地擴大了心理衝突。

　　心理有「衝突」是一件好事，表示個人成長又有了新的契機，但更重要的是，不要讓「衝突」日益囤積擴大。所以，讓我們學習去「觀照」自己的內在衝突，用寫日記的方式，或找人面談諮詢，或自我對話皆可。當我們重新複述一遍，就有機會去探照到「衝突」的真實意義，並且找到「個人」和「衝突」之間平衡、和諧的相處方式，同時感覺到心靈的平靜了。

EQ作業

一、撰寫一篇溫暖日記吧！寫下心中那些想說但不敢說出口的話：

二、請揪出常自我批判的三個字句，並重新修正為正面字句，減
　　少內心衝突。

覺察，
自我成長的第一步

有一位太太常覺得苦悶，有話不敢直說，也不好意思拒絕別人，成天就像一個悶鍋，外表平靜，內裡掙扎。

另一位是心理治療師，當她瞧見一位初診的男士走進來時，不知道為什麼就是異常憤怒，想把他趕走。

各式各樣的情緒經常不知不覺左右了我們的決定，左右了我們的好惡。這時，我們需要一個清晰的「覺察」過程，去探索：到底發生了什麼事？

「覺察」來自更敏銳的靜心體會，從聽覺、觸覺、視覺、嗅覺進入到自己體內，深深去「心覺」，可能是某一塊肌肉的反應，可能是某一觸覺的聯想，也可能是某一個回憶的閃現。透過這樣的「覺察」，可以喚醒我們對「情緒反應」的明瞭。

當我們知覺到憤怒、害怕、喜悅、興奮、嫉妒等各種反應，有時問題不在於眼前的這個人，而可能是眼前這個人代表了自己過去的某一個經驗或感受。這些經驗和感受塵封已久，突然又被觸動時，儘管意識部分可能還停留在否認、抗爭階段，然而潛意

識已經活躍地發出訊息了。

此刻，透過「覺察」，我們才有機會將潛意識裡的感受、經驗真實呈現，並學習去面對和處理。例如前面提及的太太，她就是透過「覺察」，找到「童年時，母親常將她關在房間，並且說：『你再不乖，我就不理你了。』」的這個癥結。這種害怕被遺棄的感覺，讓她長大成人之後，一直不敢得罪別人。然而有了明瞭後，她開始勇敢學習向他人陳述內心的感受。

另一位心理治療師則是一覺察到自己的感受後，立刻向初診的男士表示需要單獨靜心五分鐘，再和他協談。五分鐘內，她從初診男士聯想到過去一位令她傷心的男士。不過，當她重新面對初診男士時，決定不再逃避，而是願意擔任他的治療師，同時也給自己一個調整和成長的機會。

EQ作業

一、今天發生了什麼讓你感到憤怒／害怕／嫉妒的事？過去的你曾經發生什麼事，也激起了類似的情緒？

情緒化 10 依賴，創造親密而自由的關係

當我們愛上一個人時，朝思暮想，見不到人時著急，聽到聲音即興奮，這時我們以為自己真心愛上一個人，殊不知這只是一個假象。因為把我們的情緒和感覺寄託在別人身上，這是「依賴」，並不是「真愛」。「真愛」來自於一種自由的關係，它讓我們和相愛的人兩心相屬卻互不牽絆。

當父母對我們噓寒問暖已經超過我們的需要，甚至代為安排一切時，這其中也有著「依賴」。父母讓子女依賴他們，來證明自己的重要性，其實父母也是在依賴和子女的關係。

依賴，是一種根深柢固的關係，依賴型的父母創造依賴型的子女，依賴型的子女又創造依賴型的下一代。「依賴情結」就如此生生不息，因「依賴」而衍生的問題也源源不斷。

事實上，人們是喜歡「親密」但不「依賴」，喜歡「自由」而非「控制」。所以，在密不透風的依賴關係裡，往往也醞釀了脫離、對抗、分手的可能性。

改善依賴關係，最好的方法是學習做一個獨立自主的人，為

自己的決定負責，為自己的需要負責。不把個人的情緒寄託在別人身上，不把喜怒哀樂的主權交給別人。

從「依賴」到「獨立自主」，這中間的過程往往需要經過掙扎、矛盾、取捨等情緒歷練，唯有讓自己學到不害怕作決定、學到接受人難免會做錯事、學到看重自己的見解等，獨立自主的路途才可以逐漸展開。

依賴，讓我們留在一個舒服的空間裡，缺乏挑戰和自覺，經不起大風大浪。一個有危機意識的人，善待自己的方法之一是——朝向人格獨立、情感獨立和經濟獨立努力成長，讓自己逐步減少依附他人。

EQ作業

一、你總是依賴父母／手足／朋友為我解決……的問題，當他們不在你身旁時，你就會感到惶恐不安？

_____

_____

二、給你機會練習，你也能解決這個問題，即便你過程中做錯了，最壞的結果是什麼？

_____

_____

忽略，
渴望被關注的感覺

當你忙了一整天的家事，看到丈夫回到家，二話不說，只管坐在電視前，這時，一種被忽略的感覺油然而生。

同樣的情形發生在當你工作了一整天，回到家，孩子們看電視的看電視，寫功課的寫功課，太太則在廚房忙進忙出……你進到臥室寬解衣服，一種被忽略的感覺也油然而生。

曾經有位先生在接受諮詢時提及，小學六年級，他曾經將一篇受老師誇讚的作文放在客廳顯著的地方，並向家人提起，但是沒有得到家人的注意。直到長大成人後，他說起這件被忽略的往事，臉上的表情仍有著失望和落寞。

……

當我們是小嬰兒的時候，尿布濕了，肚子餓了，我們哇哇大哭，如果這時大人並沒有及時給予關注，我們等候、等候，等到聲嘶力竭，等候的時間越長，被忽略的挫折感越重。

成年之後，儘管我們可以獨自處理許多事務，在會議桌上鏗鏘有聲，在社交場合侃侃而談，在私人聚會談笑風生，然而在轉

身「面向自己」的時候，我們多少有著無助、孤單、寂寞的感覺，我們渴望被重視、被關心、被呵護。

處理被忽略的感覺，要找對時間和地點，把感覺勇敢地告訴對方，說的時候絕不用抱怨或暗示的方法，如：「你都不關心我」或「你總是不知道我在想什麼」。

最好改用：「我有一種感覺，剛才進門時，我希望你能看我一眼，講幾句關心的話」或「我希望你了解此刻我的感覺」。

如果被忽略的感覺沒有處理，導致積怨更深，我們的負向情緒一被激發時，就難以收拾了。反之，如果能即刻處理，雙方的關係將會好轉，變得更和諧。

EQ作業

一、你童年裡有過被「忽略」的感受嗎？你最在意誰「看重」你？

_____

_____

_____

二、長大成年後，你也會「忽略」旁人來引起被關注嗎？

_____

_____

_____

情緒化 12 恐懼，一種不安全感

當別人誤會我們的好意時，當努力的結果泡湯時，當有人來向我們挑釁時……類似這種受到刺激的狀況，我們的怒氣很快地就會冒出來了。事實上，憤怒的真實名字叫做「恐懼」。

「憤怒」為何和「恐懼」扯上邊呢？

如果能夠冷靜思考一下，我們將會了解：憤怒的人是因為內裡有恐懼。而「恐懼」是來自個人內在的一種不安全感，也就是信心不足、定力不夠，以至於別人的一句話、一個動作，不論是故意或不經意的，很快就能引起我們的自我防衛。

在這個時刻，我們恐懼不被對方接納，我們恐懼永遠失去機會，我們恐懼自己真的不夠好，我們越恐懼，憤怒就立刻代為出擊了。有的人用被動式表達，把怒氣壓在內裡，把不快樂寫在臉上；有的人主動式表達，直接爆發脾氣，或動手攻擊。

憤怒造成更多的負面情緒，憤怒讓我們更加不快樂。為了讓恐懼表面化，不讓它在憤怒的底層下作祟，我們必須去透視個人內在究竟在恐懼什麼？比如，別人誤會了我們的好意時，我們是

恐懼失去個人的顏面？恐懼失去一位好友？還是恐懼自己能力不足？或是其他原因。

如果我們明瞭自己的恐懼在哪裡，我們才有調整的方向。

我們將學習和恐懼在一起，接納這份感覺，並且思考如何化解這份恐懼。當我們先學會處理恐懼的部分，憤怒就不會肆無忌憚地左右我們的情緒表現了。

EQ 作業

一、你有發現對你「憤怒」的人其實是他內心有「恐懼」嗎？

_____

_____

_____

_____

_____

二、你找得到自己的恐懼來源嗎？

_____

_____

_____

_____

情緒化 **13** 失望，不能改變事實的遺憾

儘管我們常自我安慰：「得之我幸，不得我命。」或是以超然的哲理勉勵自己：「不求不失。」這些以退為進的說法，確實能讓自己在失望的情緒中得到調整，然而還有沒有其他的方法？

所謂失望的情緒，可能來自一個機率極高、等候已久的工作機會，卻接獲「不被錄取」的通知；可能來自相處已久的戀人，對方卻告訴你「目前還沒有結婚的打算」等。

失望的感覺，是一種不能改變事實的遺憾，對自己的能力、表現或運氣不佳而感到洩氣。當失望來襲時，整個人好像掉到無底深淵，欲振乏力。

好在「失望」不是「絕望」，「絕望」是讓自己根本沒有「起生轉命」的動力，「失望」至少讓自己還有「絕處逢生」、「化險為夷」的機會。

首先，讓我們接納自己正在失望的情緒之中。問自己、寫下來或告訴知心好友：「我為什麼失望？」一邊表達，一邊整理出失望情緒的起源。

　　其次，可以蒐集別人曾經面臨「失望」狀況的反應，以及他們如何度過難關的過程。一邊聆聽，一邊蒐集資訊，有時候我們會發現：「原來自己不是唯一的失望者。」這種感覺會讓自己好受一些。

　　接下來是要學習接受真相，失望的情緒往往來自於「理想」和「現實」之間的差距太大，以致自己一時難以接受。所以，經過一次失望的經驗，反而讓我們有機會看清事實，也明白如何去調整「理想」和「現實」之間的距離了。

一、你常因為什麼事而感到失望？

_____

_____

_____

二、通常在「現實」和「理想」之間，你會運用什麼方式去調整
　　中間的距離？

_____

_____

_____

_____

情緒化 14　憎恨，寬恕是最好的解藥

　　憎恨的情緒比生氣、憤怒更深沉，它的起源是來自心靈內部深受的傷害。在我們的生命核心裡有一個隱密的部分，無論我們如何堅強，我們仍是渴望被愛、被需要的。然而，如果這部分被剝奪，甚至踐踏到人格毫無自尊可言，那種咬牙切齒的恨意可想而知了。

　　有一位少女，她從小學二年級懵懂無知時，即受到後父的蹂躪，等到初解人事後，她開始恨後父、恨母親、恨男老師、恨男同學、恨她所有接觸到的男人，她認為男人都是人面獸心，她肆意報復。像這樣，想要將這個破碎的心靈修補重整，對她而言，真是路途遙遠。但也絕非不可能。

　　「憎恨」的情緒調整可能是所有情緒中最富挑戰的一個。透過宗教，或心靈境界的提升，以「寬恕」——無條件的愛來轉化，是最徹底的方法。當然，這過程需要時間，需要循序漸進。

　　心理治療師露意絲‧海從小歷經父母離婚、被鄰居老醉漢強暴、十六歲未婚生子。後來她獨闖芝加哥，嫁給一位高尚紳士，

有一天丈夫卻要求離婚，因為他另有女人。離婚後的露意絲‧海曾經罹患癌症……這樣的人生夠坎坷了吧！但這時的露意絲‧海卻重返大學研修心理學，從「自助」到「助人」，從「自信」走向「寬恕」。

在美國一對夫婦的女兒被強暴殺害了，在他們痛不欲生之際，透過宗教信仰的調整，他們決定到牢裡探視兇手湯姆。當三個人擁抱悲泣時，所有的憤恨都被洗滌了。

愛恨一線之間，踩在原地，絕無寬容，自困一輩子。跨向寬恕，則海闊天空。事實上，透過「寬恕」解除恨意，也是為自己好。從露意絲‧海的實例，我們看到了「重建信心」有助於踏上「寬恕」之路。

 EQ作業

一、你有絕對不能原諒、憎恨到底的人嗎？當時發生了什麼事？

二、寬恕對方需要時間、需要心理調整，你用對方法了嗎？

新旅程 · 新方向

寫下你此刻的情緒垃圾

第二部

現在的情緒來自
過去的經歷

所有行為模式和情緒反應，
其實皆可以映照到你自己的人生。

情緒原點 **01** 為什麼放不下

　　當時，我正在中南部巡迴演說。有一天早晨，在臺中火車站，由於火車誤點，所以我有從容的時間坐在月臺的椅子上。

　　這時候，前後來了兩位六十多歲的婦人，坐在我的旁邊。在攀談之後，我得知靠近我的這位是要往新營。我們就姑且稱她為「新營媽媽」吧！她的身體壯碩，皮膚黝黑，顯然是操持農事的婦人。另一位身軀微胖，愁苦著一張圓臉。她說她要回嘉義的家。我們就姑且稱她為「嘉義媽媽」吧！

　　就在隨意談天的過程裡，我注意到嘉義媽媽的右手一直撫著右邊臉頰，我忍不住問了她原因。

　　「三叉神經痛啊！不痛還好，一痛就非常難過。」嘉義媽媽談起她近年來受病痛折磨、四處尋醫的苦衷。

　　我突然靈機一動，導入主題關心她：「歐巴桑，是不是孩子的事要放給他們自己去處理，我們的生活要放輕鬆了？」

　　嘉義媽媽對我的說法感到驚訝，卻不否認，同時開始談起她那個「後生」（兒子）……。果然是一位經常為子女操煩的媽媽，越說，她的右手更是頻繁地在臉頰上揉揉捏捏。

新營媽媽開口了。她說：「生活放『土軟』一點，我們最好『放得 tuí tuí（閩南語，傻傻的意思），吃得肥肥』！」

她用臺語如此說出來時，我覺得有意思極了。

「放得 tuí tuí，吃得肥肥」不就是情緒管理的妙招之一嗎？這句話的意思當然不是要我們一個個變成胖子，重點在那種放鬆情緒的要領。如果這個放不了手，那個也要管，壓力越積越多，負面情緒得不到抒解，身體的病痛就要跟著出現了。

這一天和嘉義媽媽及新營媽媽談天的過程，讓我領悟到：現代人比起上一代的長輩們實在是幸運許多。不但接受比較多的教育，在身心成長的領域也多了許多管道。至少還比較明瞭在照顧家人或認真工作之前，別忘了先照顧自己的情緒和身體。

這也是為什麼在探討如何管理情緒的時候，我們需要更深入到根源去探索「情緒原點」。

每回在演講現場，我邀請兩位聽眾出場，然後分別站開，再以激烈的語詞、姿態，故意去激惱他們。這時候，可以看到，面對同一個動作和聲調，不同的人有不同的反應。有的是屹立不搖，不受影響；有的是臉色脹紅，害羞退縮；也有的是動了怒氣，向我逼進。

在這短短數分鐘的演練中，現場觀眾馬上領悟到──原來每個人都有些「情緒原點」，而這個「情緒原點」是屬於正面，還是負面，多少都影響著人一生的際遇呢！

一、你平日出現最多的是哪一種負面情緒？是憤怒、不安、失望、
　　嫉妒、焦急、退縮、擔心、恐懼、憂鬱……？

_____

_____

二、你的這一種負面情緒最早起源於過去的哪一段遭遇？

_____

_____

_____

_____

_____

_____

_____

_____

_____

_____

為什麼想吵架

當我們開始學習問自己：「我的『情緒原點』是什麼？」我們將有機會觀照到自己的情緒狀態。

當我詢問大家的「情緒原點」時，多數人的回答是：生氣、不安、壓抑、依賴、失望，或嫉妒等。也有人回答：「不清楚。」或屬於正面的「情緒原點」，像是自在、快樂或平靜等。然而，這些畢竟比較少數，最多的就是「生氣」。

記得有一回，我在一家企業公司演講，講完後有一位年輕的男性上班族跑來問問題。他說：「我明明相當欣賞我的主管（男士），可是如果他叫我到他的辦公室去，我就開始煩躁不安，想要和他吵架。為什麼我會這樣？」

當時，我問了他一句關鍵的話：「你從小和父親的關係如何？」

「哦！」

他一下子明白了主管、父親和他個人情緒反應之間的可能關聯。也就是在他的「情緒原點」中，有一個可能是「憤怒」，這個部分來自於從小面臨權威型父親所隱藏的情緒。

　　就在我們共同抽絲剝繭地尋找「情緒原點」時，他緊繃的臉頰開始放鬆了，他也明白原來有些情緒是「轉嫁」而來的，而如果他預備讓自己樂在工作，和主管相處更愉快，那麼和父親的關係實在有需要重新調整。

　　探尋自己的「情緒原點」是很有趣的過程。

　　有一位音樂家正在猶豫要不要接納女友的愛。他的女朋友對他是信誓旦旦，音樂家卻退縮了。

　　當他們共同去接受心理醫生輔導時，音樂家說道：「只要女朋友一動情，我就感到渾身不自在。」

　　心理醫生繼續探索原因，才發現原來音樂家有一位患憂鬱症的母親。母親長年在醫院，使他從小得不到情感慰藉，再深入探究，更有令人意想不到的結果。

　　心理醫生拿起聽診器模擬加速呼吸「噓噓……」的聲音，一時之間，音樂家竟然臉色蒼白，開始冒汗。這時母親懷孕時「心神不寧」的聲音終於讓音樂家「回想」起來，也才明白為何過去女友擁抱他，彼此呼吸急促時，竟然會讓他有恐懼的情緒。

　　經過這樣探索「情緒原點」，女友體諒了音樂家的退縮反應，音樂家也明白女友的動情並不會傷害他。

　　這是我閱讀《怎樣擁有好情緒》（業強出版）時所看到的一則實例。你有沒有發現，原來有些「現在」正在發生的「情緒」，竟然和「過去」的經歷是相關的？

一、以輕鬆、說笑和隨機的方式，問問家人（尤其是母親）——
　　當年你在母胎中，家中的氣氛、經濟狀況、母親的情緒，還
　　有父親和母親的相處狀況等。

　　_____

　　_____

　　_____

　　_____

　　_____

二、在了解自己生命起源的同時，以心存感謝來對待賜給我們生
　　命的父母，並且問自己：「如果我的成長過程有比較多的負
　　面情緒，那麼有什麼自我調整的方式呢？」

　　_____

　　_____

　　_____

　　_____

　　_____

為什麼容易緊張

這麼多年來，她一直搞不懂自己為什麼這麼容易緊張。明明她有能力做好的工作，可是主管一交代下來，她就開始心跳加速，晚上睡不著覺；甚至當主管一問起進度，她立刻說話結結巴巴。

有一天夜裡，她正在為第二天必須上臺演講而翻來覆去睡不著覺。這時，一個久遠的記憶突然回到腦海中。

那是小時候三、四歲的事了。正逢臺灣光復初期，她隨著父母住在板橋偏僻的日式宿舍，每次一聽到防空演習的警報聲響起，她就會死命地跑回家，然後把前門、後門通通鎖起來。

家人看到她的舉動，都誇讚她真是乖巧顧家，事實上，她是害怕得不得了。也可能是常聽大人談起當年有哪裡被炸到，哪裡有多少人死傷，心裡因而對「戰爭」存有一分莫名的恐懼。

她說：「原來是這個部分的影響，造成我膽小，容易緊張。還有另一次難忘的事件更造成我缺乏自信。」

那是發生在她參加初中聯考時的事情。由於她有近視眼，所以作答時頭比較靠近桌面。第一堂考國語，一位監考男老師為了要核對准考證的照片和本人，突然之間，將她的下巴猛力托起來。

正在專心寫答案的她，一時被驚嚇得心慌意亂，接下來的幾個大題就不知道如何下筆了。

當她走出考場時，知道大勢已去，忍不住大哭了起來。

就整個成長過程推想，她找到了自己小時候的「情緒原點」。她認為是最起始的「緊張」，造成了她的「膽小」，又由於自己「膽小」，使人生際遇不盡如意，接著形成了「自卑」。

如今，早已年過半百的她，在一路探索情緒脈絡的過程中，有著無限感慨。她告訴我：「現在我才逐漸弄清楚自己怎麼變成今天這樣一個人。我仍持續不斷地聽演講、上成長課程，總是希望在找到癥結後，儘快從工作和家人關係來放鬆自己。」

「如果人生能夠倒帶，在你三、四歲那樣緊張的時刻裡，你會希望周遭的大人怎麼處理？」我追問她。

她靜默了一會兒，然後用堅定的口吻回答：「我很希望父母在那樣的時刻，把我抱起來，輕拍背部，然後說：『爸爸媽媽在這裡，不要怕！』」

多數人都有過緊張的經驗，比如：即將來臨的考試、和陌生人相親、上臺演說、參加競賽等。通常緊張都出現在「事前」。如果這些緊張的情緒在短時間內就調整好，就沒有什麼大礙，有時候甚至是促成積極表現的動力。然而，如果造成生活作息失常，或是長期被負面情緒干擾，則不妨像前述這位女士的自我探索，找出「緊張」的「情緒原點」。

一、你是一個緊張的人嗎？

二、在什麼情況下，你最容易有緊張的反應？

三、有哪些減少緊張壓力的方法？如何透過自我成長的學習，來
降低緊張的影響力？

情緒原點 **04** 為什麼急躁

「為什麼我總覺得很疲倦，而且事情總是多得做不完？」一個上「身心靈整合」課程的學員問了這個問題。

「請你起立走路，讓我看看！」

當我這樣說的時候，多數的學員都詫異地望著我。發問的學員更是斜歪著頭，不解地露出好奇的眼神。不過，她還是起身，當場「走路」給大家看。

就在她起步走路後，已經有些學員忍不住笑了起來。這個「笑」當然沒有惡意，只是看到她的「腦袋」幾乎比「身體」快半拍，多少已經猜出個中玄機了。

走動中的她聽到了同伴的笑聲，自己也笑了起來，然後若有所悟地說：「我的個性太急躁了。」

是的，一個人如果被「大腦」支配著過日子，那不是壓力很大嗎？我所說的「大腦」，指的是只用腦筋來思考並作決定，而忽略了身體還有其他的知覺感受，例如聽覺、視覺、觸覺、味覺、嗅覺，其實也需要靈敏地參與一個人的生命活動。

我請這個學員坐下來，大家一起來進行自我覺察。

「我從小就是個性很急的人，情緒很焦躁……」她一開口，就彷彿打開了的水龍頭，滔滔不絕地說，加上嗓門滿大，所以我立刻舉起手，示意她暫停再開始說，而且請她學習用輕柔的語調慢慢地說。

我問她：「你有沒有發現動作快、講話速度快、聲調又高，可能正在干擾自己的情緒？」

「啊！對呀！我發現每次我一開口，好像別人都聽不下去，搞得自己心裡也不舒服。原來我自己是『起因』。」

接下來，在團體分組討論──「尋找自己的『情緒原點』」後，她終於更清楚：原來她在工作上和家庭中所產生的挫折感，都是自己找來的。

癥結是她從小生長在一個父母都是完美主義者的家庭，父母喜歡對子女作比較，而且從早上起床後就不斷地催促，母親個性更是急躁，經常大呼小叫地提醒這個，叮嚀那個。她身為家中老二，上有姊姊，下有弟弟，為了得到大人的重視，她從小就「一個口令、一個動作」般聽話，不知不覺中使她的情緒容易焦躁不安，擔心自己做得不夠完善，擔心不能如期完成任務。

「你有沒有渴望自己的生活過得更自在快樂？」聽完她的自我探索，我問了她這個核心問題。

她不假思索地點了頭。

「來，讓我們學習放慢性命的韻律！」

　　我邀請全體學員起立，大家閉目靜心，同時開始打開感官的知覺，感受赤腳接觸地板的感覺，感受自己此刻呼吸的速度，感受周遭的味道氣息……。總之，讓生命不再只被「大腦」掌控，而是加入豐富的感官知覺。這時候，一個人的自我覺察力會更靈敏，自我調整的速度會更快，同時就能輕鬆地活在此時此刻裡了。

EQ 作業

一、你是不是情緒容易焦躁的人？

_____

_____

二、形成的可能因素是什麼？

_____

_____

_____

三、如何做事才能講求效率，卻不干擾到自己的生命能量？

_____

_____

_____

為什麼擔心分離

她最近的情緒陷入低潮，是一種使不上勁的感覺。

她問自己：「是不是工作量太大了？」答案是：「還好！」

「是不是和丈夫、孩子的關係太緊張了？」答案是：「應該不是！」

那為什麼會突然胃口盡失，夜裡睡不著覺呢？

有一天夜裡，她被自己抽泣的聲音驚醒，才發現自己在夢中哭了。為什麼哭呢？她從夢境去拼湊一些畫面，也努力去尋找最近情緒低潮的原因。

誠華，是誠華！

一下子，她想起了夢中見到的同事誠華。誠華在她的夢裡並沒有開口說話，只是默默地向她揮揮手，而為什麼她竟然感傷而落淚了呢？

誠華在辦公室裡和她最要好，兩個人不但有默契，甚至有些工作可以互相支援。最近，誠華要結婚，而且是遠嫁南部，這意味著她們必須分開。其他同事都是抱著為誠華祝福的心情，只有她，除了祝福，還有感傷。

　　彷彿這種分手、分別、分離，給了她很大的壓力。明顯地，她陷入了「沮喪」的感受。就在夢見誠華的夜裡，她在床上輾轉反側之際，突然想起念中學時，有一回也是半夜失眠而痛苦難熬，那次是為了什麼事呢？那次是因為班上好友玉玲搬家、轉學，而讓她心情不好，睡不著覺。

　　探索到這裡，她對自己的情緒波動逐漸有撥雲見日的感覺，她想進一步找出自己容易「沮喪」的情緒原點。

　　「你從小經歷了哪些分離的經驗，讓你感到沮喪？」

　　她來尋求諮詢時，有了機會去探索童年的成長歷程。

　　「一次是外婆過世，一次是……」說到這裡，她陷入沈思，同時欲言又止。

　　「一次是……？」我跟著她重複一遍。

　　這時，她抬起臉，眼睛望著我，眼眶裡盈滿淚水。

　　她接過我遞給她的紙巾，繼續哽咽著說：「還有一次是爸爸、媽媽離婚的那一天。現在我想起來了……

　　「那時候我只有五歲，看著爸爸正在搬衣物、紙箱。我好像在旁邊哭鬧。這時，媽媽突然從房間衝到客廳來，狠狠摔了一記耳光給我，並且說：『你再哭，我連你也不要！』爸爸看到媽媽耍瘋，很氣憤地找媽媽算賬。我看到大人為我而吵架，根本不敢再哭。我很怕，我很怕人家不要我……。

　　「這也是這麼多年來，我不敢和同學、朋友深交的原因。我

很怕大家分開的時候，我會很痛苦；這也是為什麼我不敢和年紀相近的人談戀愛，我很怕被拋棄，怕被迫分手；這也是為什麼我嫁給比我年紀大很多的丈夫……」

她顯然對自己的成長模式有了清楚的脈絡，同時她也認知──當「沮喪」來襲時，不必緊抱著童年「害怕被拋棄」的感覺不放，因為她已長大到有足夠能力照顧自己，而且安排見面的機會，或打電話談天都可以使友誼持續。

EQ 作業

一、你有時候會不會陷入失落、沮喪的情緒？

二、反應是強，是弱？時間是長，是短？如果反應強烈，時間拉長，這是不是因為你碰觸到內心過往的一個傷痛？

三、如何讓自己和家人學習適當地表達難過的感覺？（想哭就哭吧！）

為什麼易怒

　　有一個妻子對她的丈夫憤怒異常，因為她不滿意丈夫沒有好好照顧他的腿疾。兩個人只要一見面，妻子就不斷訓誡丈夫、批評丈夫。

　　丈夫本來還會反唇相譏，但是後來吵久了，他開始以「相應不理」來回應。這時候，做妻子的更加生氣，她認為丈夫太不近人情了。

　　在這個妻子的感受裡，她認為──凡是人都應該好好照顧自己的健康，尤其是一家之主的丈夫，更是需要趕快把腿疾治好，不要治治停停的。

　　然而，丈夫這一方卻感受到──身體是他的，好壞自己明白，他不喜歡妻子催東催西，甚至責罵他。他一樣很生氣，所以乾脆以「不吭氣」來報復妻子。

　　像這對夫妻的相處關係，已經很明顯地快到「兩敗俱傷」的階段。好在作妻子的開始去自我探索。就在尋找「容易生氣」的「情緒原點」時，她發現了原來癥結在於「當她只有十二歲時，父親死於日漸惡化的疾病」，所以她目前對丈夫生氣的背後原因，

主要是害怕失去丈夫。

　　也就是童年階段自認無能為力來照顧父親，以至於失去了父親的過程，讓她在目前的婚姻裡戰戰兢兢，她不想再失去生命中第二個重要的男人。這份「害怕」結果卻轉化為「生氣」，而危及了婚姻相處的品質。

　　我在《生氣的藝術》（遠流出版）這本書中看到這個例子，很為這個妻子慶幸。因為，當她看清楚自己的情緒原點後，她很勇敢地面對丈夫，並改變說話的模式，以「傾訴」代替「批判」。她把心中害怕的感受說了出來，讓丈夫看到她的擔憂和關懷。後來，丈夫果然依她的建議，願意接受治療。

　　生氣，可以說是大多數人容易出現的負面情緒。每回在演講會場請教大家——哪一種負面情緒出現最多？結果都是「生氣」。

　　有一對姊妹一起到百貨公司買平底鍋。當妹妹選擇了她所要的平底鍋時，姊姊卻「建議」她挑選另一個更好的品牌。請注意——姊姊在此時並沒有批評她、指責她，只是溫和地提供專業的看法，可是如此這般卻也激怒了妹妹。為什麼？

　　在尋找生氣的「情緒原點」時，作妹妹的發現原來有兩個主因。一是姊姊習慣教導別人，不論別人有沒有需要，總是以專家姿態提供意見。這點使一向自認處處不如姊姊的妹妹非常反感，卻沒有勇氣去「謝絕」姊姊的意見。二是當妹妹對姊姊有所抱怨的同時，事實上，她也是對父母感到不滿。她認為父母給姊姊更

多的寵愛，所以當姊姊一「愛現」時，作妹妹的不但生起姊姊的氣，連帶也生起父母的氣。

好在妹妹努力地對自己的「生氣」抽絲剝繭後，終於找到機會告訴姊姊：「今後如果我有需要，會主動向你徵詢建議，這時再請告訴我……」從而調整了姊妹之間的關係。

EQ作業

一、在什麼情況下，你最容易被激怒？

二、你和哪一個人相處時，最容易發脾氣？原因何在？

三、會不會剛開始相處時，我們總是討好、妥協、讓步，以致累積了往後不可收拾的暴怒？有沒有改善相處模式的好方法？

為什麼熱心過度

在社區裡，她可以說是最熱心的媽媽。

早上往往順路載另外三個鄰居的孩子上學；到了學校，她擔任義工媽媽，協助學校整理圖書館的編目；中午回到家，剛吃飽飯就趕快聯絡附近的太太們，因為第二天有個家庭成長聚會。

剛打過十多通電話，她正想小寐一下，電話鈴聲卻響了，原來是另一個社區的陳太太。她打電話來請教 —— 如何帶領讀書會？又詢問一些成長方面的資訊。

等掛下電話，發現已經到了孩子快放學回家的時間，於是匆匆忙忙準備晚餐，一邊洗洗弄弄，心裡卻仍掛心著丁曉玲。

曉玲是她要好的高中同學。畢業後，曉玲沒有繼續升學，早早就結婚了，婚後夫妻感情並不好，最近正在鬧離婚，要怎麼幫助她呢？

就在邊想邊做時，兒子皓偉回到家了。才四年級的他，像條龍一般活蹦亂跳。正要制止他不要打開冰箱、灌冰開水，電話鈴聲又響了，這回是老公。老公只說了聲：「不要等我吃晚餐！」電話就掛了……。

站在電話機前的她，突然忍不住對兒子大吼一聲：「你還不趕快給我去寫功課，整天只會吃、吃、吃……」

兒子被她突如其來的怒吼所驚嚇，一時站在原地，不知所措。

她急忙轉身，因為她不能讓孩子看到她眼眶中有淚水。關掉瓦斯，她走回臥室，把門反鎖，終於忍不住撲倒在床上，像個無助的小女孩一般開始抽泣。

像她這樣在團體中熱心服務的人，為什麼卻有著深深的無力感？像她這樣在家庭裡盡心盡力地照顧大家，為什麼卻得不到好的回應？

……

她的故事是不是讓你覺得很熟悉？

可能是我們的朋友，也可能就是我們自己。或許我們曾經有過這樣的一個階段──我們成天幫忙別人，卻沒有照顧自己；我們在外面不停地提供解答給朋友，回到家中，才發現自己一樣有問題。這種日子過久了，不知不覺中，人會變得無奈又無助。

在探索「情緒原點」的過程裡，不妨讓我們來覺察自己是否掉入「彌賽亞陷阱」裡了？

所謂「彌賽亞陷阱」，是指有的人陷入「彌賽亞」的角色。彌賽亞本來是指來自上帝的神聖使者；彌賽亞關心別人，為他人吃苦，為他人服務，最後卻犧牲自己而殉職了。

有彌賽亞特質的人，以「拯救者」的角色和四周的人相處，

把別人的事當成比自己的事還重要；也唯有為別人服務的時候才讓他感到自己的生命有意義。而每當單獨一人時，又會恐慌是否不被需要了。

 **EQ作業**

一、你是否只注意和自己有類似苦楚的人，然後馬不停蹄地為他們服務？結果在助人之後，似有著深沉的無力感？

_____

_____

二、你是否正在學習掙脫「彌賽亞陷阱」？在「助人」和「自助」之間取得平衡？

_____

_____

三、接納自己有熱忱助人的特質，同時問自己──有時候敢不敢適時地說「不」？

_____

_____

_____

情緒原點 **08** 為什麼身體不好

　　她從小就總覺得自己身體不好，下課時間很少和同學打打鬧鬧，上體育課時也通常坐在樹蔭角落，因為母親早已和老師打過招呼。

　　其實，她沒什麼大的毛病，只是一直提不起勁，如果有同學約著要出外郊遊，母親總是告訴她：「你的身體不好，體力不行，最好留在家裡。」

　　如果考試到了，念書念到深夜十一點多，母親也會告訴她：「你的身體不好，不要念太多，趕快去睡覺吧！」

　　後來，她念大學後，開始結交異性朋友時，母親一樣不斷地叮嚀：「你的身體不大好，一定要找個比較可靠的、會賺錢的人，將來才不用那麼歹命要外出上班。」

　　……

　　她是個順從、聽話的孩子，尤其看到母親在婚姻生活裡，被嗜賭又愛喝酒的父親糟蹋，因此不忍心再增加母親的負擔。只要母親說什麼，她總是照單全收，因為她認為母親是愛她的，母親的話一定是對的。

直到她結婚後，夫妻相處開始有了許多衝突。

起先她以隱忍為多，也不敢告訴母親。孩子陸續出生後，她更是有力不從心的感覺，總是覺得有忙不完的家事，自己的身體簡直快撐不住了。有一陣子，她甚至懷疑自己是不是有心臟方面的毛病，為何走一點路，拖個地板，就心跳加速，喘個不停？

這個現象有一回無意中被母親看到，母親告訴她：「你的身體不好，你會做死啊！」

已經參加孩子學校媽媽成長班的她，聽到母親這句話，突然有所警覺，除了立刻去做心臟檢查（事實證明她很健康），她開始想探索母親和她之間的關係。

在參加「身心靈整合」課程時，她問我：「從小我就很感謝母親一手把我扶養長大，我是她的獨生女兒，母親已經竭盡所能把她的愛心給我。照理說，我是很幸福的人，可是為什麼我不快樂，也常覺得身體虛弱？」

「請問，從小你的『擔憂』訊息是從哪裡來的？」

她思索了一下，慢慢地說：「母親。」

「母親的擔憂又從哪裡來的呢？」

就在她尋找自己總是覺得身體虛弱、心情不開朗的「情緒原點」時，她終於明白，當年母親流產兩次，第三次終於保住她時的擔憂情緒，對她有所影響。加上母親從小灌輸她「你身體不好，你不可以……」這類的負面訊息，也造成她對自己的身體狀態沒

有信心。

　　「我知道你的母親是愛你的，可是你要讓自己繼續活在母親的擔憂裡嗎？」

　　她立刻搖搖頭，並且明白要尋回身心健康快樂的成長，和母親黏連已久的臍帶關係必須要切斷了。甚至在必要的時刻，要勇敢地告訴母親：「媽媽，謝謝您的關心，我已經長大了，我會好好照顧自己。」

EQ 作業

一、你平日所想、所言的內容，是負面訊息居多？還是正面訊息
　　居多？這些訊息會不會影響你的情緒和健康？

二、如果說堅定的信念可以增強自身的免疫力，那麼在情緒管理
　　的路上，你可以如何進行？

情緒原點 09　為什麼保持距離

　　他很羨慕有些朋友和母親的關係很好。像他，不知道怎麼搞的，總是對母親大呼小叫。四十多歲，又已經是兩個國中生孩子的爸爸，他一直警惕自己要作孩子的好榜樣，卻常控制不了自己，只要母親靠到他的身體附近，他就莫名煩躁，然後藉著怒氣，離開現場。

　　他的太太有時候忍不住說他：「難道你就不能對自己的媽媽好一點嗎？」

　　他不是不想對母親好，老實說，母親是一個老老實實的鄉下農婦，識字不多，刻苦耐勞地持家，但可能家中子女多，還要做家事、農事，因此和兒女不親近。過去，他外出求學，成家立業，和母親相處的機會有限；如今，父親過世後，母親搬來和他住，他的情緒開始有了明顯的變化。

　　每回他發洩了情緒後，看到母親神情落寞地低頭離開，他就非常後悔。他不清楚究竟自己和母親有什麼心結；還有他憤怒的「情緒原點」究竟是什麼？

　　在「身心靈整合」的課程裡，他有心改善和母親的關係。於

是，他站了出來，而一位女性學員則模擬他的母親。一開始，他要求「母親」站在離他至少二十步遠的地方，他說這樣讓他感覺到比較自在。

在「母親」不動的方式下，他逐步往前移動了。

他往前走了一步，看著「母親」說：「我不想和您太靠近，因為我從小就覺得您好像不喜歡我。」

再往前走幾步，他看著「母親」說：「小時候，我看您總是很忙。您也常說：『大人做事，小孩子不要來煩。』所以，我很失望，也很生氣。」

再往前走幾步，他看著「母親」說：「媽，靠近您，我會有壓力。我想接近您，可是又怕被您責罵。」

再往前走幾步，他看著「母親」說：「媽，我現在更靠近您了，您什麼時候變得又老又矮了？您知道嗎？有時候我多麼氣自己，因為我沒有能力讓您過更富足的生活。我和您保持距離，是為了讓自己好過一點。」

再往前走幾步，他和「母親」近在咫尺了，他眼眶帶著淚水，聲音哽咽地說：「媽，其實我很害怕失去您，我多麼希望您每天都能健康快樂地活著。」

在要往前的下一步，他在原地僵立了好長一段時間，因為再向前走，他勢必要碰觸到「母親」的身體了。對他而言，這是多麼艱難，也是多麼重要的一步啊！

這時候，早已熱淚盈眶的「母親」突然伸出雙臂，一下子，「兒子」毫不猶豫地抱住「母親」痛哭流涕。

事後，在探索「情緒原點」時，他發現可能是「害怕失去」，使他一直和母親「保持距離」。因為在他的想法中，如果「沒有擁有」，也無所謂「失去不失去」了。然而，童年這個單純的想法，卻讓他在和母親的相處中，產生了對立和矛盾。其實，他的內心多麼渴望與母親接近和得到母親的關愛。

一、當你和父親、母親私下相處時，雙方的「空間距離」有多大？「心靈距離」有多大？你願意去縮短距離嗎？

二、你也有過「害怕失去」的擔心嗎？這份執著可能造成哪些負面的情緒？

三、在人與人的相處中，如何讓自己不「害怕失去」而保持心靈自由呢？

情緒原點 10　為什麼是工作狂

　　他，是一個不折不扣的工作狂，一早出門到辦公室就完全陷入與屬下開業務會議、與客戶會面及商討合作方案、處理全省各分駐站的業務報告……的生活。

　　一天喝上六、七杯咖啡已經不足為奇，中餐到底有沒有吃，他有時候也搞不清楚。等到晚上應酬到一、兩點，回到家，躺在床上，太太的抱怨還沒說完，他早已翻個身睡著了。

　　最近，在太太嚴重抗議下，好不容易安排了一次休假。他帶著全家大小一起到紐西蘭度假。可是一回到臺北，他迫不及待又趕回工作崗位上。

　　他的太太沒辦法理解他──究竟那樣一份工作有什麼吸引力，竟然讓他沒日沒夜地拼命？

　　他自己則沒辦法理解──為何在度假期間，自己渾身不自在，總覺得好像做錯了什麼事？

　　當他坐到我面前時，我見到的是一個身心俱疲、婚姻亮起紅燈的中年男士。他面容憔悴，但是態度誠懇，閉目靜思了一下，然後他直接切入重點地問：「我總是不停地工作。我究竟是在逃

避，還是想彌補什麼？」

「如果是逃避，你認為可能的原因是……？」我問他。

「可能是……」他斜支著頭，想了一下，然後說：「逃避太太和孩子，他們真的都很好，好到我覺得自己不配得到這麼幸福的生活。」

「如果是彌補，你認為可能的原因是……？」

這一次，他回答的速度快多了。他說：「可能是想多賺錢，我希望多照顧家鄉的母親和大哥。」

「那麼，這是一種矛盾的心情了，一方面怕自己過得太好，一方面又擔心對家鄉的親人照顧不周到，所以就拼命地工作。請問，這裡面的情緒是不是和一種內疚感有關？」

他突然抬起頭，訝異地望著我，然後眼眶濕潤了。

「讓我們閉上眼睛，把右手放在心胸前，然後來感受這份內疚感所讓你聯想到的畫面。」

他果然照做，數分鐘後，他已略為平靜並找到自己拼命工作的癥結所在。他說：「剛才在我心中浮現的畫面，是小時候的我，大約十歲，父親因為長期做勞力工作而病倒了，母親為了養活全家，也外出接手父親的工作，擔石子，挑磚塊。我那麼小，什麼忙都幫不上，後來還是大哥輟學，跟著母親一起工作來栽培我……。現在，我吃好的，住好的。父親過去後，我曾邀母親來臺北住，但是她不肯，她只想和大哥一家人住。」

「你覺得對母親和大哥有一份內疚感？」

「嗯！」他若有所悟。

「有沒有想要放下這個擔子？」

他點點頭。

成長的路上就是這樣，每多探索一步，就有機會找到下一步調整的方向。

EQ作業

一、「內疚感」的「情緒原點」是否曾經讓你一直想彌補什麼？

_____

_____

_____

_____

二、如何釋放內疚感，接受「自己已經盡力了」的事實，同時讓
　　身心放輕鬆？

_____

_____

_____

_____

為什麼親子對立

　　當時，她因為和女兒的關係緊張而跑來找我。

　　她說：「我的女兒怎麼這麼不聽話，叫她走東，她偏要走西，還每天吵著要搬出去住，我實在快受不了。可是，有時候我半夜跑到她的床邊，看著睡夢中的女兒，又覺得好心疼，到底我和寶貝女兒之間出了什麼問題？」

　　就在探索她們母女緊張關係的癥結，也就是在探索她個人容易對女兒發脾氣的「情緒原點」時，她一步步地找出那個脈絡了。

　　她發現，她總是在女兒剛開口要說話時就大聲地制止，那是因為她不喜歡女兒說話時的口氣和神情。

　　而女兒這部分的動作和誰相似呢？

　　是婆婆，一想到婆婆，她心裡就很不舒服。

　　當年她剛嫁進來時，由於嫁妝不是很豐富，她又拙於表達，因此，婆婆經常以尖酸刻薄的語言來刺激她。她年輕又不懂得應對，只有隱忍而過。有時候，丈夫看她眼眶發紅，就跑去詢問母親，一問之下不得了，此後的一個禮拜更是難過。

　　家裡有個這樣的婆婆也就認了，怎麼長大後的女兒越來越像

婆婆呢？

她繼續探索婆婆、女兒和她的關係。

她想起來了。

記得女兒剛出生的那幾天，有一次，她正在醫院餵女兒吃奶，婆婆和幾位親友一起到醫院探視。當婆婆靠近她的床邊時，她一下子就緊張了起來，下一刻又聽到婆婆叨叨絮絮地說些很不中聽的話，就在這時候，懷中的女兒突然哭了起來，她低下頭看女兒，看見一張皺著眼睛鼻子哇哇大哭的臉……。

「怎麼這麼像？」

女兒的臉和婆婆的臉一剎那有了連結。後來她外出上班，女兒勢必要拜託婆婆照顧，於是她就看見一個和婆婆越來越像的女兒，包括走路的模樣、說話的神情。更令她受不了的是，女兒講話也學會了尖酸刻薄。

她不是沒有掙扎過。她多麼希望把孩子留在身邊自己照顧，可是這樣幾乎天天二十四小時要和婆婆「短兵相接」，怎麼受得了？如果找外人照顧，婆婆又哭鬧著說是「看不起她」。在兩難之下，和丈夫商討的結果，還是把女兒交給婆婆，這也就是這麼多年來所衍生的另一個問題──女兒成了出氣筒。

她總是想辦法先發制人地「壓住」女兒。女兒小的時候不明就裡，跟著亂發脾氣。上了國中後就不一樣了，女兒學會「以暴制暴」，總是和她「你來我往」脣槍舌戰一番。

找到了這個「情緒原點」，她覺察到這種憤怒的轉移，對女兒實在不公平。潛意識裡總是以對抗婆婆的心態來和女兒相處，只會造成彼此關係更惡化，「畢竟女兒不是婆婆呀！」領悟後的她，下定決心好好成長，繼續改善母女關係。

一、碰到意見相左的長輩，你能否學習以「就事論事」的方式表達意見，以免情緒受到壓抑？

_____

_____

二、實在難以溝通時，是否另外有成長夥伴支持、關心你？

_____

_____

三、請你覺察自己是否有遷怒的現象？又打算如何轉化中間的緊張關係？

_____

_____

_____

情緒原點 **12** 為什麼不安

　　有一天，我受邀上知名歌手王海玲小姐所主持的「女人香」頻道——「女人我要」節目。

　　當時，我正在分享有關「情緒管理」的訊息，談到如何找到「情緒原點」時，海玲突然有所悟，她就著現場節目告訴聽眾朋友，也告訴我：「我想起來了，我好像看到搖晃的東西，心裡就很害怕。比如說，擺動中的雨刷，或是搖晃中的鞦韆。」

　　她舉例說明：「記得大學畢業時，臺大吉他社的同學都在翡翠灣沙灘邊開心地哼哼唱唱，那天夜裡，氣氛可以說是很美。可是一下子，我的情緒突然變得很不安，很快地走離人群，當時可能引起有些同學不諒解，以為我耍脾氣。現在我回想起來，是因為沙灘邊有鞦韆，幾位同學正在盪來盪去，那種鐵索磨擦所發出的聲音，還有搖來擺去的影像，讓我覺得很不舒服，所以我趕快離開現場。」

　　「這樣說來，你從小沒有坐過鞦韆了？」我問她。

　　海玲回答：「是的，從來沒有！」

　　我又問她：「那麼，雨刷又是怎麼回事呢？」

她說：「如果碰到下雨天需要搭計程車時，我心裡的壓力就很大，因為玻璃窗上那兩隻雨刷一下向右擺，一下又向左擺，讓我看了很害怕，好幾次，我寧可立刻下車，也不想繼續坐下去。有時候，若是坐在朋友的車而碰到這種情形，一時不好意思下車，我就會把音樂轉得很大聲，或者自己一直唱歌來轉移注意力。」

「你知道這種害怕情緒的可能原點嗎？」

「對，當你正在談『情緒原點』時，我才想到，幾年前我曾經回憶起很小很小時心裡的一個印象。」

「還記得是多小的年紀嗎？」

海玲思索了一下，她回答：「應該是一歲多，我還不會表達，當時我們家住在眷村，我躺在床上，感覺到風吹著紗窗門。為何紗窗門沒有拴好，我是不清楚，只是覺得紗窗門被風吹動而發出的聲音和搖動的影像，讓我覺得很害怕，所以我拼命地哭。當我突然回憶起這幕時，我曾經問過母親，她也說──印象中我很小的時候，有一回不知道為什麼整夜哭個不停……」

「吳老師，有沒有什麼方法可以克服這種害怕的感覺？」海玲在現場電臺節目中這樣問我。

這時，我舉起右手，就在她面前開始左右搖晃，然後邀請她跟著我唸：「我很勇敢、我很勇敢……」果然，海玲從原來細弱不肯定的聲量，逐漸越唸越大聲，越來越堅定，她說：「現在的感覺真好！比較沒那麼不舒服了。」

我告訴她：「對，人生雖然不能倒帶，但是有些感覺是可以倒帶、重新調整的。今後只要看到類似晃動中的物體，你將會立刻跳出『我很勇敢』這四個字，來克服這種心錨。」

EQ作業

一、你是否曾經對某種情境感到害怕？

二、你決定如何勇敢地去面對它、克服它？（如果記憶中找不到害怕的「情緒原點」，請不要勉強去探索，最重要的是：如何活在此時此刻裡，更自在、更舒服地調整。）

三、當你周遭有人（尤其是孩子）正在擔憂、害怕的情緒中，你能否立刻給予一個溫暖的擁抱，或是一個支持的握手，或是一句關懷的話語？

為什麼討好別人

「吳老師，為什麼我的心頭常常悶悶的？」

在一次談「情緒管理」的演講會上，一位年輕小姐舉起手來，她靦腆地問。

當時，我邀請她出來，我們一起站在聽眾前探討。我請問她：「是誰讓你覺得心頭悶悶的呢？」

她想了一下才回答：「男的朋友。」

「男的朋友？不是男朋友？」

「嗯！我們常常在一起，可是他說他不想固定。」

「你的意思是，你喜歡他，可是他沒有給你任何承諾？」

年輕小姐清秀的臉龐有著無奈的神色。她點點頭。

「好！這樣我了解了。我們繼續關心你為何心情不好。請問，當你和這位男性朋友在一起時，在什麼狀況下，你的情緒容易受到影響？」

我鼓勵她一步一步地往內層去探索「情緒原點」。

這一回，她答得很快。她說：「當他說我笨的時候。其實都是他的口頭禪。他也沒惡意，只是⋯⋯」

「你的反應呢？有沒有告訴他你的感覺？」

「心裡有不舒服的感覺，不過我沒有告訴他。其實，過了就算了，他也不是……」

「等一下！」這時候，我希望她注意到自己「情緒管理」上的一個模式——為了「討好」別人而壓抑了自己。

我繼續問她：「你有沒有發現自己習慣性地去為他辯解，為他找理由？然而，這樣怕得罪對方的表現，會不會反而得罪了自己？因為我們也是個獨立的個體，我們希望在人際相處上得到合理的尊敬。如今，我們為了渴望和對方在一起，卻掩蓋了某些真心的感覺，雙方也失去了共同成長的機會。你希望學習勇敢地向對方表達感受嗎？」

她很快地點了頭。接著我們就以角色扮演的方式，模擬了開放溝通的表達情緒，既不批判對方，也不壓抑自己。

我同時提醒她：「如果你這樣表達，對方能誠懇接受，表示他是一個可長久相處的友伴；如果你說了，他卻發更大的脾氣，繼續用語言侮辱你，那麼這該是重新評估這段感情的時候了。」

在她準備走回坐位前，我再問她一句：「現在你感覺如何？」

她帶著笑容說：「舒服多了。」

這時候，現場的聽眾朋友立刻給她熱烈的掌聲。

談到「討好」這種情緒表達，它的更深一層癥結是「討愛」現象。也就是說，我們大都從小渴望父母豐富的愛和看重，可是

父母若忙碌，或還有其他兄弟姊妹需要照顧，我們就會若有所失，
於是有了「討愛」的舉動。

　　「對抗型」的人會以憤怒、發脾氣的方式來討愛；「逃避型」
的人則以漠視的方式來假裝自己不需要；「討好型」的人以處處
遷就別人、壓抑自己的聲音和需要來討愛。

EQ作業

一、你是否有「討愛」的傾向？

二、你是「對抗型」、「逃避型」還是「討好型」的討愛現象？

三、如何在「愛」的成長路上學習「內求」，而不是「外求」，
　　也就是每天可以用什麼確實的行動，多愛自己一點，來建立
　　信心，同時更尊重自己的情緒表達？

情緒原點 14 為什麼洩氣

「書都沒有念好，還買什麼電腦？」

當他看到念五專的兒子一副滿不在乎的模樣索求東西，心裡就火大，再看到那種愛理不理的表情，更是忍不住了。

「你給我站好！在你這種年紀，我哪像你這樣，要什麼有什麼，有飯吃已經不錯了。站好！你給我站好聽——」

這時候，只見塊頭已經很高的兒子，睜大了眼睛，滿臉怒氣，拳頭也握緊了，只是還沒有發作出來。

「你不要這樣發脾氣嘛！兒子是因為學校有電腦課，他可能覺得有需要……」

從臥室跑出來的太太正想打圓場，馬上被老公打斷話語：「就是你這樣寵孩子，也不看看自己的收入一個月才多少？」

……

類似這樣的爭吵，每天不停地在家裡發生。

他來見我的時候，臉上並沒有怒氣，卻是一臉的疲憊和沮喪。

他在一家公司擔任中級主管，經濟狀況算是中等，勉強湊些錢買部家用電腦應該沒問題。然而，他為什麼這麼生氣呢？

「看到兒子那副樣子，讓我生氣。」提起兒子，他又表現出不悅的面容，聲調也提高了許多。

「除了生氣，還有什麼其他感覺？」

他想了一下，說出「洩氣」兩個字，然後整個身子癱軟在沙發裡。

「為什麼你有洩氣的感覺？」

「看見他不成材的樣子，就好像看不到希望。我這樣拼命工作，還不是想好好地栽培他，可是……」

「這種洩氣的感覺是不是也曾經發生在你對自己的感覺中？」

「嗯──」他可能沒想到問題轉向他自己了，有點驚訝，有點好奇。他重複了同樣的問句：「我對自己感覺洩氣？」

接下來，在自我探索的過程中，他談到了自己的成長故事。家中兄弟共四人，他排行老三，上不上，下不下。父親對他冷淡而且疏遠，甚至曾經當著家人面前說他最不成材，因為他不像其他的兄弟，有的自行創業當老闆，有的在大公司當總經理，只有他，一直在一家小型企業公司擔任採購主任，談到升遷也是遙遙無期……。

「我想起來了，就在兒子要求買電腦的前一天，父親打電話來說，他要繼續住在老四那裡。他說：『我看你的情況也不是很好！』這句話讓我覺得很洩氣。我努力了一生一世，他為什麼總

是不肯定我？接著，當我看到兒子那副德性，我很害怕他跟我一樣無能，於是一著急就破口大罵了。」

「所以說，在生氣的背後，其實有著從小『害怕自己無能』的『情緒原點』。」

他點了點頭之後，我再度問他：「請告訴我，你最滿意自己哪些個性特質，並舉例說明。」

我們要進入找回自己的信心，停止自責和責人的情緒表達模式了。

EQ 作業

一、對於一個盛怒中的人，你是否嘗試看到他內心脆弱、無助或害怕的一面，而不至於一起陷入「互相指責」、「互相傷害」的情緒陷阱中，並且找到讓雙方冷靜下來的調整方式？

_____

_____

二、你能否在出口出手之前，學習「暫離現場」，並且問自己：「有沒有更好的處理方式？」

_____

_____

情緒原點 **15** 為什麼怕黑

「我怎麼找不到我的『情緒原點』？」

有時候，在「身心靈整合」的課程中，有些學員會著急——彷彿看不清楚自己曾經受到什麼「情緒原點」的影響。

在這裡有幾個重點和大家分享：

一、「找出情緒原點」只是情緒管理的步驟之一。

如果發現自己目前容易緊張擔憂的原因是從小缺乏安全感，那麼為了做一個 EQ 高手，不妨試著寬恕從小給我們壓力的人，同時開始建立自信。如果找到自己的「情緒原點」多數為正向的、積極的，比如樂觀、開朗、心平氣和……那麼真的要恭喜你，因為在情緒管理的領域裡，你早已具備一些好的能力了。

二、如果找不到自己的「情緒原點」。

有可能是因為在成長的過程中你就這樣懵懵懂懂地長大了，也可以說，小時候的經歷對你而言沒有什麼嚴重的影響。所以何不放眼未來，問自己：「接下來如何每天開心快樂地過日子？」

三、儘管有不少的人小時候有負面的「情緒原點」。

　　但是後來因為在人生旅途中碰到的困難挫折實在太多了，於是生命有了「反撲」的能力，逐漸練就一身咬緊牙根、勇於挑戰的精神，也就是後天培養出來的正面情緒（勇敢、冒險、堅定、有擔當等），早已克服了那些退縮、埋怨、自責、擔心等的負面情緒，甚至可以說把它們擠出記憶庫了。

　　以下，是兩位學員跳出「負面情緒原點」，重新做好情緒管理的實例。

　　有一個非常害怕黑暗的女士，每回碰到先生出差，留她守著一間空屋，她就寢食難安。她努力探索究竟為什麼長這麼大了還如此「害怕黑暗」，後來，終於找到一個可能的「情緒原點」。

　　在記憶裡，小時候每當吵鬧不乖時，總是會聽到媽媽對她說：「你再不乖，我就把你關到門外去。」而她確實有好幾次被推到門外，那種烏漆墨黑，加上風吹樹葉沙沙作響的聲音，都在她幼小的心靈裡留下了痛苦的經驗。

　　她真正改善這種狀況是在孩子陸續出生後。她不希望孩子感染她「害怕黑暗」的情緒，因而下定決心改變。

　　「你看，沒什麼好害怕的。你看，沒事呀！」當先生出差不在家，孩子希望媽媽作陪到院子拿東西時，她已經學會「自我壯膽」，然後擔任「前哨」，勇往直前。

　　另外一個女孩，在「找出情緒原點」時，發現了一個非常有趣，也令她自我警覺的反應模式。

　　有一天，她的好友向她告丈夫的狀。後來她到好友家時，一看到好友的丈夫，怒氣立刻爆發，吵到大家不歡而散。

　　她靜下心來反省，才恍然大悟自己從小對「告狀」這種行為感到不滿。最早是她小時候，媽媽常說祖母的不是，可是祖母沒有那麼壞，媽媽要說又不能不讓她說，於是當時還是小女孩的她，就這樣把那些不滿吞進自己的肚子裡。

　　等到哥哥結婚，媽媽又來說嫂嫂的不是。她也不覺得嫂嫂有那麼不好，但是……唉！算了，「不滿」就自己吞下肚吧！

　　直到好友來告狀，當她碰到好友的丈夫時，突然之間那個「不滿」一股腦兒就爆發出來了。

　　她發現了「情緒原點」的真相，決定跳出那個漩渦。她採取的方式是：當別人來倒「情緒垃圾」時，她不再照單全收，而是適時適量聆聽後，請對方自行解決。這樣才能做到既關懷對方，又不至於壓抑自己的平衡點。

 **EQ 作業**

一、你曾經不知不覺掉入類似的情緒反彈模式？那個模式是如何
　　形成的？

_____

_____

_____

二、你有什麼方法跳出那個負面模式呢？

_____

_____

_____

三、你能不能從周遭的家人、朋友中找到一位 EQ 高手，觀察他
　　待人處世的好方法？並且問自己：「最想從對方身上學到哪
　　些具體管理情緒的方法？」

_____

_____

_____

_____

新旅程 ‧ 新方向

寫下你此刻的情緒垃圾

第三部

怎麼處理情緒，
將影響你一生的際遇

隨時將情緒倒空，

並且學會清理「情緒債務」，

才能讓自己如魚得水。

前置作業 00　培養情緒靈敏力

他們講話口無遮攔，或是行事莽撞，或是不尊重他人而自作主張，有時得罪了我們卻毫無所知。像這樣欠缺情緒靈敏力的人，我們最常聽到他們說如下的話語：

「啊——我真沒想到……」

「我不是故意的，沒想到會踩到你的底線。」

「原來你已經不和他往來了。」

……

類似這種「後知後覺」、「千金難買早知道」的人充斥我們的生活周遭，有的是我們親近的家人、友好的同事、多年的好友，有的是熟稔的客戶等等。

別人反應我們的內在

情緒靈敏力是可以透過後天的引導來學習，讓我們在職場上帶動有方，和家人關係更加和諧，和愛人相知相惜。

有一位媽媽一直苦惱就讀六年級的兒子不聽話，無論和他說

什麼，他總是以「情緒暴躁」來回應。她的兒子就在演說會場裡，散會後，我找到她兒子私下聊了一下，當時，他說了一句話讓我恍然大悟。

他說：「我媽媽每天講話都是大小聲，常常變臉，讓我覺得很不好受。」

原來是媽媽先「變臉」，兒子才「翻臉」。

接下來，我和媽媽單獨聊了一下，並且把兒子害怕她「變臉」的事實分析給她聽。媽媽才逐漸明白——兒子會「情緒暴躁」，其實是先受到媽媽「情緒暴躁」的映照，接著做出了類似的情緒反應。

幸好聰明的媽媽終於弄懂他們親子關係的癥結，她追問我：「吳老師，那如果我心平氣和地講，他也就會心平氣和地講？」

「當然，因為別人（的情緒）反應我們的內在（情緒）。」

部屬為什麼皺眉頭？

有一位男性主管在我演說「樂在工作——談個人 EQ 和團隊 EQ」後，愁眉不展地來請教。

他認定有一位新進員工處處和他作對。

他說：「昨天，我交辦新的任務給他，他眉頭深鎖。我問他有問題嗎？他又搖搖頭。但回到座位後，竟然把我交給他的資料

夾重摔在桌上。」

男性主管是一位積極負責的主管，不料卻碰上一個消極對抗的部屬。

「你覺得自己有足夠的情緒靈敏力嗎？」我看他已陷入情緒糾結，急需破繭而出。

「什麼是情緒靈敏力？」男性主管抬起頭，認真地看著我。

「就是人際互動時，懂得察言觀色，並且做最快速的調整。」我嘗試解釋給他聽，同時問他一個新的問題：「你和他講話時，自己的情緒和表情 OK 嗎？」

「哦！」男性主管似有所悟，接著又說：

「近日工作壓力大，加上我對這位新進員工不是很有信心，可能心裡沒有足夠的信任，講話的語氣，嗯……我好像也說了些不確定性的話，例如：『你在下週三之前真的可以完成？』我臉上的表情也不怎麼明朗。」

真相大白了。

幸好這位男性主管很誠懇，很有心學習。當我讓他明白了「情緒靈敏力」的重要性，他也聽明白我說「別人反應我們的內在」這句話的意義，他決定先調整自己身為主管的心態，給部屬可以自由表達情緒的安全感，同時給辦公室一個可以共同成長團隊 EQ 的機會。

什麼是情緒靈敏力？

根據 Thomas & Chess NYLS 嬰兒氣質研究，他們羅列了孩子的六種天生氣質，其中包括活動力（activity）、適應力（adaptability）、持續度（duration）、專心度（distractibility）、規律性（rhythmicity）和敏感性（threshold）。

「敏感性」指的就是一個人從小到大，對周遭人、事、物的反應是「快」或「慢」？是「高」或「低」？在情緒管理的領域裡面，我認為就是「情緒靈敏力」。

「情緒靈敏力」高的人，進到一群人裡面，不論是家族聚會、社交場所，或是單純的朋友餐會，他們可以馬上感受到誰有話語主導權？誰並不認同他？誰急於離去？誰渴望被注意？或誰的情緒低落等。

「情緒靈敏力」高的夫妻，在見面的瞬間，會立刻關心地問道：「你好像有心事，來，說給我聽。」

或：「你看起來又累又餓，來，這裡有熱湯熱飯。」

或：「我的回答讓你有壓力，說說看你的想法吧！」

……

不像有些反應遲鈍的夫妻檔，總要另一半氣到跺腳，或已經生了一個半月的悶氣才說：「你怎麼搞的？最近看到你都是臭著一張臉？」

「情緒靈敏力」高的小孩，聽到爸爸摩托車在巷口衝撞式的聲響，就已經知道大事不妙，能閃則閃；看到媽媽剛進門，把皮包扔向茶几的動作，就知道電腦該關了，趕快寫功課去吧！

可以說，「情緒靈敏力」高的人，除了得天獨厚的先天氣質，其實和成長背景有關。

若父母保護過度，承擔太多，他很少需要應付周遭的人際關係，那麼情緒管道一向封閉的他，便會無知無感到長大成人。進到學校，入了社會，還持續這樣的身心態度，往往就被稱為「白目」、「霸道」或「無感之人」。

若父母擅長溝通，成為教導孩子情緒管理的第一位老師，並透過對話，透過討論，也透過家庭各種事情的發生，讓孩子從小懂得察言觀色，懂得表達自己的情緒，也懂得尊重別人的感受和需求，那麼隨著年齡成長、社會歷練的過程，孩子將成為一個「情緒靈敏力」高的人。接著，不論在家庭、學校、辦公室、社交場合，或網路人際關係裡，都會是一個被大家認可有分寸、善解人意又可以溝通相處的人。

總而言之，「情緒靈敏力」高的人是帶著開放的心胸，樂意與人交流，說該說的話，做該做的事，很少帶給周遭的人壓力。

情緒靈敏力對情緒管理的重要性？

「情緒靈敏力」高的人，不只善待別人，對自己的情緒變化、高低、來去都能掌控自如。

但是並非人人一開始就能做到情緒管理，總也要透過後天的學習。一步一步將內在的情緒困擾，透過「情緒靈敏力」的帶領，抽絲剝繭的過程，再逐步釐清，進而改善情緒。

「情緒靈敏力」高的人，在抽絲剝繭的過程中，懂得請教友人、接受專業輔導、閱讀相關書籍，或參加身心靈工作坊，讓負面情緒現形。感謝負面情緒，同時，學習脫離負面情緒，好好完成一趟「情緒管理」的成長之旅。

情緒管理，是自我調適的學習和成長。「情緒靈敏力」較低，則自我情緒管理的覺察速度慢，相對地，困在負面情緒內比較久，那可是很折磨、很不好受的過程；因為，生而為人，我們都值得過幸福快樂的日子。

所以，提高「情緒靈敏力」的學習，多一點對情緒脈絡的理解和探索，多一點人際關係的駕馭自如，可以讓我們增強情緒管理的能力，同時帶動周遭愉悅的家庭氣氛、充滿動力的團隊工作，和個人滿意的身心平衡人生。

你有足夠的情緒靈敏力嗎？

各位讀者可藉由如下十題測驗，進一步了解自己平日人際互動中的「情緒靈敏力」夠不夠？

Y□ N□	01、對話中的人突然中止回應，你會立刻檢視剛才的話語是否不得當？
Y□ N□	02、夥伴相聚時，若突然氣氛凝重，你懂得適時打圓場？
Y□ N□	03、當你的玩笑之詞讓對方難堪時，你會立刻道歉？
Y□ N□	04、情緒偶而低落，你會思索是什麼原因，並立刻改善？（例如：調整睡眠習慣、加強運動、吃對食物、找人輔導等。）
Y□ N□	05、面對不欣賞的人，你還是保持君子風度、以禮相待？
Y□ N□	06、別人誤會你時，你會勇敢表達自己的感受？
Y□ N□	07、同事來打小報告，你會建議對方「不說也罷」？
Y□ N□	08、家人對你擺臉色，你尊重對方有「自我調適」的機會？
Y□ N□	09、客戶對你予取予求，但你明白公司的底線，會讓對方適可而止？
Y□ N□	10、一看到對方的臉部表情、行為舉止，通常你就覺察得出這個人是「值得深交」，還是「話不投機半句多」的人？

自我覺察

10 題均答 YES 者，是情緒靈敏力高的人，優點是察言觀色的能力強、情感豐富，你往往是小團體中的智多星和輔導者。缺點是請教的人多，往往讓自己應接不暇，誤了正事。

有 7-9 題 YES 者，你的情緒靈敏力不錯，但有時候情勢難免猜測錯誤，或是自作多情，或者反應過度，反而造成人際關係的風險。建議你不妨稍安勿躁，等 make sure 後再提醒友人，或請友人自作主張。

有 4-6 題 YES 者，你的情緒靈敏力普通，建議你可以再加強閱讀 EQ 相關書籍、參加心靈成長工作坊、多聆聽旁人的心聲、增強同理心的學習等。

有 1-3 題 YES 者，你顯然常聽到有人對你說：「你不懂我的心」、「你怎麼可以如此對待我」。這些話語讓你聽得一愣一愣的，並且懊惱地問自己：「我真的做錯什麼了嗎？」記住！絕不放棄成長哦！因為只要你把周遭每個人當做人生導師，眼睛多停留一下，耳朵再拉長一下，嘴巴再閉緊一點，如此這般地「多看多聽」，你的感受機制會啟動，你的情緒覺察能力會開發，接著你會開始聽到自己說：「我能為你做

什麼嗎」、「如果我讓你不好受，我鄭重道歉」。

「情緒靈敏力」低的人當然不好受，往往受到批評指責才發現自己說錯話、表錯情和做錯判斷。

我常建議「情緒靈敏力」低的人多看電影、多閱讀小說，或上 YouTube 看影片。由於作家、導演、演員的描述詮釋能力很強，多角鏡頭的拍攝過程可以讓我們看懂每個演員的情緒起伏、眉眼之間流動的感覺，還有故事發展的起承轉合⋯⋯。

每次閱讀和看影片的結果，絕對讓我們對人的喜怒哀懼多一層了解，對人性的貪瞋痴多一份明白，自然可以提升「情緒靈敏力」，做好人情世故的應對。

 ## 情緒靈敏力高的人如何調整自己？

至於，「情緒靈敏力」高的人雖說較能主動反應個人的情緒，提早協調和別人的人際關係，但是，缺點有三：

一、必須忍受旁人不懂你的用心良苦，甚至被怪罪好管閒事。

比如，看到網路成癮的兒女，明知如此耗廢青春，必將被社會淘汰，但是，「情緒靈敏力」高的父母，在勸說無用時（尤其碰到「情緒靈敏力」低且完全無動於衷的兒女），更是會挫折感

連連,不知如何是好。

二、由於「情緒靈敏力」高,有時反應太快,得罪人而不自知。

　　例如,同事中午外出吃飯,大家嘻嘻哈哈地坐在一起,不亦樂乎。不料,A 同事取笑 B 同事吃相難看,明明 B 同事已經面露尷尬難堪,想逃離現場,A 同事(可能是「情緒靈敏力」低的人)還是逕自說個不停。

　　仗義助人的你立刻說:「嘿!不要這樣說他了啦!」

　　這時,A 同事反過來說你:「咦?你是他的什麼人?」

　　幸好有其他同事幫你解圍,大家說說笑笑就過了。

　　事後,你私下問 B 同事的感覺,他說:「我已經習慣了,大家就是同事嘛。」聽了 B 同事如此說,你覺得自己自討沒趣。

三、因為「情緒靈敏力高」,有時需默默忍受情緒波動。

　　「看得到、看得多,也看得清楚」一些周遭「人」的關係,難免變成心理負擔,例如:「情緒靈敏力高」的女兒,看出爸爸外面有小三,這時就開始煩惱,要和爸爸攤牌嗎?要告訴媽媽嗎?或是可以直接找小三對質?

　　在無所適從的狀況中,「情緒靈敏力高」的人往往內心波濤起伏,掙扎不已。

 情緒靈敏力高的人可以運用兩種原則，讓自己
得到調整的空間。

一、以退為進原則

因為「情緒靈敏力」高，往往先知先覺嗅到不尋常的氛圍，領略不一樣的變化，有時欠缺求證，或是忘了輩份親疏，以致反應過度，出口就得罪人。

平日不妨學習「退一步，海闊天空」的生活態度，不要把話講太快、講太滿，多用問句、請教的方式，讓對方有被理解、被尊重的感受。例如：

老公本來要說：「我注意到你最近錢花得很兇，你有什麼事隱瞞我嗎？」

可改為：「介意我關心你最近的理財規劃嗎？」

如此一來，可讓對方主動回應，減少你們之間的誤會和衝突。

二、以靜制動原則

「情緒靈敏力」高的人需要學習沈澱自我、放鬆心情。雖然通常你的判斷是對的，你的觀察有脈絡可尋，但因為你的急於介入而打草驚蛇，往往使問題更不容易浮出水面、不了了之，最後看來似乎反而是你反應過度。所以，多運動、多休閒、多接觸，讓自己有更多轉移注意力的事可做，才不至於鑽牛角尖，把美好

天賦能力變成了「好管閒事」,「多此一舉」的臭名滿天下。

例如:有同事不想派遣海外,他向主管報告:「請讓我和家人商量,三天後回報您。」

熱心又「情緒靈敏力」高的你,立刻向主管私下掛保證:「依我看來,他是不會答應去的啦!看他的表情就知道。」

你是早早猜對,也讓主管有心理準備。但是,那位謝絕的同事聽說了你的背後嚼舌後,對傳話的同事說:「這件事輪不到他來關心。」

其實,什麼話都別說,有些事靜觀其變,心知肚明即可,這才是 EQ 高手,不是嗎?

平衡 EQ 的人生

通常在諮商界、社工界、戲劇界、文壇界等,有不少情緒靈敏力高的人,他們善用自己的視覺、嗅覺、聽覺、觸覺和心覺來感知別人的感知,來體會別人的體會。所以,創作的作品、協調的關係,都可以是多元、豐富、饒富趣味的。

一般職場上,如:服務界、業務界、科技界裡,若也能擁有高的情緒靈敏力,並拿捏正確,那麼打開人際關係,引進潛在客戶,創造品牌市場也是必然之事。

我檢視起自己的「情緒靈敏力」,是屬於八九不離十的那號

人物。從小，我非常在乎別人的眼光，也會無中生有地自尋煩惱，記得小學五年級，就曾經因為班導鄭老師忽視了我，而讓我嚎啕大哭。

後來他走到我的課桌旁來勸慰，我反而哭得更大聲。我怎麼會如此這般呢？那就是我渴望取得「注意」的手法。現在回想起來，當然覺得自己幼稚可笑，但是自己展現「情緒靈敏力」，毫不壓抑地情緒勒索老師，倒也讓此刻的我大為吃驚。

長大成人後，我的「情緒靈敏力」仍然保留，但是那種設下情緒圈套要別人掉落的情景已經消逝無蹤了。我把這方面的覺察能力用在演說現場，用在輔導個案上面。

比如，單單看到對方的眼角餘光、嘴角微微顫動的笑紋、眉尖突然挑動的角度，或是寫字線條的粗細、畫下臉部輪廓線條的快慢……都能很快進入對方的情緒訊息裡，並且用最快的速度來提問和引導。

各位可不要羨慕我啊！

這是多年關心和磨練出來的。對我來說，更重要的是——如何找對情緒靈敏力的平衡，切勿沾沾自喜而走火入魔，更不宜變成神經過敏而處處過度緊張。

我立意走向平衡 EQ 的人生。

高敏感度的人需要從養身、養心、養靈的三個面向來自我成長，我的養身規劃是注重五顏六色的地中海飲食，多吃 Ω3 的海

魚，每天運動（或游泳、或做肌耐力訓練、或跳街舞），認真喝白開水，還有鍛練一覺到天亮的好習慣。

　　養心規劃方面，我注重每天大量的閱讀，多請教智慧長者，每週至少看三～四部電影，至今也寫作不輟，讓自己心性多學習，不至於故步自封，成為井底之蛙。

　　養靈規劃方面，這也是提升情緒靈敏力的好領域，我參加了海內外各種心靈成長的工作坊，讓自己得以充分理解周遭每個人的喜怒哀懼；我也願意陪伴哭泣的個案，從憂傷的谷底找出回到生命內在的力量。

　　至今，學習成長的步伐仍然不斷前行，我讓自己「情緒靈敏力」的範圍再擴大一點，再提升一點。各位從以下篇章的日常EQ、戀愛EQ、親人EQ，就可以找到讓「情緒靈敏力」更豐富的探索和修正，歡迎攜手並進、共同成長哦！

日常相處 01 　先向自己「討愛」

　　不論在辦公室，或是團體裡，我們總會碰到一些比較難纏的人，對方有時候也不是惡意，就是常圍繞在我們四周，或者悶不吭聲，但是眼睛不停地跟著轉；或者提出一些要求，讓我們為難；有時甚至問一些莫名其妙的問題，比如：「你覺得我這個人怎麼樣？交我這種朋友，會不會給你壓力」，或是「如果我離開你，會不會讓你難過」。

　　這是「討愛型」的朋友。所謂「討愛」，就是指在從小成長的過程裡，由於沒有從父母、從家庭得到足夠的愛和安全感，甚至是在一種「誤會」中長大，誤會父母不關心他、誤會父母不公平、誤會自己不夠好，因此習慣於在家裡、在學校教室裡、在辦公室裡、在朋友圈裡討愛。

　　「討愛型」的人，從「情緒管理」的角度來看，潛意識裡一直渴望得到別人的關懷照顧。如果得到了，就雀躍不已，如果得不到，就沮喪萬分。像這樣需要靠別人對我們好，來證明自己的重要性，常讓我們處在患得患失的情緒裡。

　　我們得承認，每個人都多少有點「討愛」的傾向和舉動。

有的太太喜歡問老公：「你有沒有愛我？」

有的丈夫會說：「你每天在忙什麼？家裡都沒照顧好！」

或者朋友之間，有的會說：「你跑哪裡去？我一直在找你！」

此時，我們不妨學習將「討愛」的動作和對象轉移，也就是先轉向「自己」討愛，先要求照顧自己。這要如何做到呢？

比如，當我們很渴望對方來作伴時，我們不必去否認此時此刻心中的需要。因為，有時候為了證明自己足夠獨立（事實上還不夠獨立），而不斷否認需要，反而會造成內裡情緒更多的衝突和矛盾。

基於照顧自己需求的需要，不妨勇敢向對方說：「我現在希望你能陪我。」如果對方說：「好呀！」那麼正好可以共度一段美好時光。如果對方說：「抱歉，正在忙！」至少我們已表達了自己內心的需要，也明白對方的回應。如此一來，自己不會持續待在抱怨、無奈的情緒中而不知如何是好。

接下來，學習接受對方本來就有回答「不」的權利和需要，然後安排另外照顧自己的方法。比如，讓自己靜靜地獨處，或是一個人外出遊樂，或是抒寫日記等。

總之，當我們在「情緒管理」的過程裡，學習先覺察自己的需要，並正視自己的需要，然後要求自己先照顧自己，就不會在「討愛」的舉動中迷失自己了。

把感覺大聲地說出來

　　有一天，我正在火車站候車，一位年輕媽媽帶著兩個稚齡兒子走過來。由於三個人各走各的，看得出來年輕媽媽有些心事。

　　突然，年輕媽媽對約六歲的大兒子吼著：「你不會走過來一點嗎？」走在月臺邊的大兒子可能不好受，轉身就推了一把約三歲的弟弟，並且說：「你不會走開一點嗎？」

　　正在弟弟被推得莫名其妙時，剎那間，媽媽把弟弟像抓小雞一樣地高舉，又重重地擺到座椅上，一邊脫弟弟的鞋子，一邊指責：「滿地都是水，你為什麼……」

　　這時我看到站在一邊的小哥哥視若無睹的模樣，而小弟弟則是滿臉的錯愕和驚恐。

　　類似這樣的畫面不斷地在我們生活周遭出現，可能是辦公室突然摔電話的主管，可能是團隊裡一位怒不可遏的夥伴，也可能是家中正在教訓家人的長輩，負面的情緒像滾雪球一般地到處「引爆」。

　　「情緒引爆點」一觸即發。老實說，年幼時，對別人加諸在我們身上的「情緒垃圾」是別無選擇地「照單全收」。然而日漸

成長後，我們實在有需要清理「情緒炸彈」（負面情緒已發作了）或「情緒地雷」（負面情緒仍壓抑中）。

最近哪一次「情緒引爆點」被觸發過？是人？是事？還是環境氣氛點燃的？這個情緒引爆現象是否有前跡可尋？自我如何適時拆除「情緒引信」？

一步一步地，我們需要解除生命中的「情緒障礙」。

演講後，在聽眾發問的時間裡，她舉手了。她問：「為什麼我常情緒低落？」

一位眉清目秀的女士，眉頭卻深鎖著些許憂鬱。當時，我邀請她上臺，一起來探索時常情緒低落的原因。「一天裡頭，當你面對什麼事的時候最容易情緒低落？」

她不假思索地回答：「從客戶的辦公室走出來時。」

「是不是有一種無力感，覺得自己沒有做好？」

她點點頭。

此時，我請她閉上眼睛，回想小時候哪一件事的發生，和這種無力感相似？很快地，她談起小學三年級，由於個頭高，坐在教室最後一排，有一回，班上一位肢體殘障的男同學路過，不小心被拐倒了。當時那位男同學對她口出不遜，她想反擊，可是想到他身體的狀況，於是忍住了。

「為什麼我會想到這一幕呢？」睜開眼睛後的她很訝異於自

己的回憶。

面對著聽眾，我邀請她仔細想想和客戶的相處，以及和那位男同學的相處有什麼相關的地方？

「是不是在情緒表達上比較壓抑自己？」

經過我提示了一下，她終於恍然大悟地說：「原來我一直沒有把自己的感覺說出來！」

對！我們可能是作為乖寶寶長大，從來不習慣對不合理、不公平的對待發出聲音，結果心裡一方面埋怨對方的無理，一方面又責怪自己的無能，日積月累之後，就被一種深深的無力感所淹沒了。這正是造成情緒低落的原因之一。

「把對那位男同學不滿的地方說出來，把對客戶不滿的地方說出來，大聲地說！勇敢地說！」

果真在大家鼓掌加油之後，她拉開嗓門學習說出來……。

學習做一個情緒自由的人，這是你我成長路上一個共同的目標。「情緒自由」就是在不侵犯別人的權利下能自由地表達想說的話，自由地感受想感受的東西。

做一個情緒自由的人，我們才有機會看到自己的優點，並且盡力去發揮自己的長處。釋放情緒障礙的路途雖然遙遠，但如同前述這位女性聽眾的努力，只要開始有了覺察和調整，就已經踏上通往「情緒自由」這條路的起點了。

認知自我治療法

　　有時候，負向情緒的出現，往往搞得我們一整天都心神不寧，工作績效也低落。在這裡提供一個「認知自我治療法」，讓我們來學習如何從「覺察感覺」、「評估感覺」、「選擇感覺」到「改變感覺」。

一、例如，此刻你感覺工作吃重，那麼就以「我真正的感覺是什麼？」來問自己深層的感受。

　　1. 工作吃重，讓我感覺到「煩躁」。

　　2. 煩躁是因為主管的臉色不好看，讓我感覺到「有壓力」。

　　3. 有壓力時，心中會「沮喪」。

　　4. 沮喪時，我心想辭職算了，可是又「擔心」找工作不容易。

二、下一步就是評估感覺，自問：「這真的有可能嗎？」以「零」代表「絕不可能」，「十」代表「百分之百的可能」，就從零到十來評估前面所列下的感覺。假設：

　　1. 感覺煩躁，得分「八」。

　　2. 有壓力，得分是「八」。

3. 我有沮喪，得分「七」。

4. 擔心找不到工作，得分「二」。

三、評估感覺的得分後，我們可以來進行「選擇感覺」。這時，
就以前面四項繼續問自己：「這件事果真如此發生，對我的
影響是……？」

1. 儘管工作繁重，感覺煩躁，至少不會影響我的工作去留。

2. 主管臉色不好看，那是因為他自己也有壓力，這件事對我
的影響是不太好受，但至少我正在盡力，我是問心無愧的。

3. 壓力帶給我沮喪的感覺，這提醒了我下一次把時間管理和
工作進度規劃得更精進一點，必要時，事先向主管報備，
把工作量適度地分配出去。

4. 擔心找不到工作，得分只有「二」，這表示擔心歸擔心，
但是心裡明白，就算是真的要換工作，憑自己的能力和資
歷是沒有什麼好擔心的。

四、最後再問自己：「我所煩躁的事，最壞的打算是什麼？」這
時，你可能列出「最壞的打算是整個工作進度往後挪了一天」
或是「今年考績的績分會受影響」，但是這些畢竟都還不是
世界末日。

這整個過程就是讓我們學習對「心中的想法」有更清楚認識

的機會，因為這些想法不知不覺影響了我們的情緒走向，正向的想法帶來正向的情緒；負向的想法，帶來負向的情緒。所以，透過覺察、評估、選擇的過程，我們可以改變、調整負向的想法，絕對不讓煩躁、沮喪、擔心、憤怒……之類的負向情緒長期干擾我們的生活。

清理「情緒債務」

每年歲末年初之際，我們總是習慣對一年來的工作績效做點評估，對儲蓄投資做點回顧，甚至有點空，還會針對屋子裡的擺設或櫥子裡的衣物做點調整、清理，然而，我們是否也習慣於對自己的「情緒債務」做點整理和清償呢？

「情緒債務」指的就是無形的、情緒上的一些陳年老賬，由於我們忙碌，或者由於我們不知如何處理，或者由於我們故意漠視它們的存在，情緒的債務表已經累積到驚人的赤字了。

債務畢竟是債務，債務積存到某一個飽和點，自然會來向我們索取回償；同樣的道理，「情緒債務」在我們的身體、心理、精神積存到某一個臨界點，也會開始向我們發出訊號，要求我們注意。

通常在什麼狀況下可以看到「情緒債務」的形跡？在這裡，不妨讓我們來問問自己：

一、最近是否對周遭某一個人的言行舉止已經忍無可忍了？

二、最近是否曾經躲開人群而暗暗哭泣？

三、最近是否在公開場合顯得坐立難安？

四、最近是否經常噩夢連連？

五、最近是否曾經言行失態？

　　像這些外顯行為的表現已經透露出清理「情緒債務」的時刻到了。「情緒債務」又該如何消除呢？先以小楊為例來說明吧！

情緒倒空

　　當時小楊年紀二十出頭，剛當完兵。由於年輕氣盛而容易和別人起衝突。

　　有一次週末夜晚，一位朋友來訪並邀約他去聽演講。

　　「演講有什麼好聽的？」小楊當場反駁。

　　這時朋友急著辯解，結果越說，兩個人的聲音越來越大。

　　他們走在社區的公園裡，兩個人邊走邊吵。後來，朋友在小楊的不領情之下轉身離去了。

　　「小楊！你來！」

　　轉身一看，原來是社區裡一個毫不起眼的老頭老陳。

　　老陳是位閒散的老人，平日在小公園的涼亭裡擺著一張破舊的小桌子，然後三五朋友閒聊，或一個人單獨喝茶。小楊很少理會老陳，總認為那不過是一個不起眼的老頭子。

這時被叫住了，小楊只好禮貌性地打招呼。

「小楊，坐下來，喝一杯吧！」

小楊還沉浸在剛才吵架的慍怒中，一時拿不定方向，不知不覺就靠了過去。

坐定後，就著昏黃的路燈，小楊看著老陳氣定神閒地拿起小茶壺，開始倒茶到他面前的小茶杯……。

「滿了！滿了！」

小楊眼看面前的茶杯早已溢滿了茶水，甚至有些流向桌面，到處都是水了，他忍不住地驚呼起來。

「滿了，是滿了！」面前的老陳似是同樣的倒茶動作，然而他的笑容、他的聲調、他的語詞，一時讓小楊震懾住了。

接著老陳把小楊的茶杯拿起來，水往外一潑，然後放回小楊面前。

「倒空再裝，是不是更好？」老陳如此問道。

這一幕景象存在小楊腦海中二十多年了，每當他和別人快起衝突，或是被誤會時，他就會想起老陳在涼亭裡為他倒茶的情景，同時問自己：「倒空再裝，是不是更好？」

「情緒倒空」是個不錯的自我管理方法，當我們憤怒的時候，當我們不滿的時候，裝滿的都是「我對你錯」的批判思考，越堅持，憤怒不滿更高漲；如果我們願意先「倒空」自己，冷靜下來，聽聽看對方怎麼說，這裡面就會有另外的成長空間。

　　除了利用「情緒倒空」來做到清理「情緒債務」，還可以用「表達」的方式來進行。不論是找專業輔導人士，或是知心好友；不論是個別諮詢，或者參加成長團體；不論是用「說」來表達、用「演」來表達，或用「寫」來表達；也不論是對「自己」表達、對「當事人」表達，或是對「他人」表達。表達，都代表了清償「情緒債務」的一個有效管道。

　　透過說、寫、演、唱、跳……各種表達方式，一個人可以探尋到：當初「情緒原點」是如何形成的？「情緒債務」如何讓自己背得喘不過氣？還有此時此刻，究竟該如何逐步釋放「情緒債務」的壓力？

　　承諾自己做個「情緒債務」的責任者吧！只有願意面對這些情緒赤字，去觀照、去解除，我們才有機會在最短的時間內，做個「無債一身輕」的情緒自由人！

敞開「自我疆界」

你是否有過類似的經驗？辦公室裡同事們約著一起外出聚餐，大家興高采烈地往外走，這時只瞧見他仍坐在原位，搖搖頭，表示沒興趣。休息時間，大家談談笑笑，煞是有趣，只見這位仁君突然緊繃著臉，離開座位，留下大夥尷尬地面面相覷。

抗爭性格強烈的人，有非常強烈的「自我」（Ego）色彩，內裡的教條、規則、禮教很多，也少有妥協，所以造成性格缺乏彈性，人際關係緊張。

其實就是「自我疆界」比較嚴謹的人。

從小，當我們覺察到這個世界不只有「我」一個人，仍有其他的人、事、物的存在時，「我」的意識開始發展，同時，「自我疆界」（Boundary）也逐漸形成了。

「自我疆界」在生理上的負向表現是：緊握的拳頭、蜷縮的睡姿、講話時眼睛不正視對方、走路時筆直僵化、工作時不苟言笑、容易肌肉痠痛等。整個身體呈現緊張、不自然的狀態。

「自我疆界」在心理上的負向表現是：一道深深的鴻溝架設在自己和外界之間，自己跳不出去，別人也跳不進來。整個心理

呈現防衛、排斥、自我保護的狀態。

這種「自我疆界」經年累月建構起來，對生理、對心理都會造成壓力。這也不是說每個人都需要完全祛除「自我疆界」，而是適度地，如保留個人的私密性、只向知心好友傾訴等，同時在自己和外界之間仍有一道暢通的管道可來往。

針對自我疆界嚴謹的人，要設法解開他「自我限制」的枷鎖。讓他願意和內心真實的、自然的我「接觸」，聽聽內裡的需求和聲音；也願意和外界的人們做進一步的「接觸」，縮短相處上的距離。

有位 OL 總是和同事格格不入，碰到主管約見面時更是不自在、眼神不敢碰觸主管、答話也簡略。儘管她的工作能力很強，卻被辦公室同仁列入不合群的一位。

在一次解除自我疆界的訓練中，當她練習正視對面走來的男性學員時，全身不停地顫抖，也害怕去靠近。在這樣的時刻讓她回想起從小很少得到父母的擁抱，有一次，不苟言笑的母親甚至在親友前取笑她走路像母鴨，顛顛仆仆地。

透過這次的訓練，這位 OL 開始緩和了自我疆界的界限，並學習和同事更近距離地談話，願意將內心感受表白出來。和主管談話時雖然還是有點不自在，不過眼神和表達都有進步了。

從人性的角度來看，其實我們都渴望跨出「自我疆界」的牢籠，與外界有更緊密的結合。唯有透過生理和心理的逐層解嚴，

將友誼的「接觸」向外延伸，這時，人生態度和人際關係才有機
會豁然開朗。

 有安全感的自我揭露

我們只是不經意地和一些人相遇，可能我們也只是隨口的一
句寒暄：「今天天氣還不錯！」

不料對方的回應卻是：「對呀！今天這種天氣讓我想起了小
時候，有一次，我的母親……」

由於對方快速地進入「自我揭露」的階段，我們可能的反應
有二。一種是訝異、保持警戒和敷衍回覆：「嗯！嗯！說得也
是！」另一種是如獲知音，立刻也「自我揭露」起來：「是呀！
我有同感，記得小時候有一次，也是類似的情形，當時……」

「自我揭露」是疏導情緒、自我探索的管道之一，我們很少
在短時間內對陌生人自我揭露，除非是接受諮詢輔導，或是參加
心靈探索之類的成長團體。通常我們只習慣於向少數好友或家人
自我揭露。甚至有的人一生都找不到真正可以自我揭露的對象。

「自我揭露」常涉及穩私，如果不是絕對信任，我們不會輕
易開口。社會心理學家海克曾經在一九八一年針對大學生做研
究，發現「在異性間的人際關係裡，女性經常揭露自己柔弱的一
面，而對自己較強的能力則三緘其口；男性的揭露模式則相反，

他們常宣揚自己能力較強的一面，而隱藏自己的弱點」。這是否顯示了有些女性渴望獲得支持和了解，且缺乏自信，因而看不到自己的優點？這是否也顯示了有些男性以「強者」形象為前導，缺乏勇氣去探試內在的不足？從「自我揭露」的角度和程度的差異，值得我們進一步去做研究。

說起來，我們喜歡和沒有利害關係、自我揭露程度相當的人相處。因為這樣會讓我們感到有安全感，而且得到情感上相對的支持。

有一項研究，是讓學生到機場候機室向旅客主動揭露自己的秘密，同時要求對方也要相對的自我揭露，結果反應不佳，大多數旅客有排斥、不親切的反應。可見要「自我揭露」，有時候要有相當的條件，例如：看我們的心情、傾訴的主題、對方是否看來順眼，還有我們是否有此習慣等。

通常在「自我揭露」的過程也有些微妙的平衡運作，也就是兩個人在互相自我揭露時，往往是依「循序漸進」的方式。等對方做了適度的回覆後，我們才會進一層繼續表達，總是讓雙方的揭露維持在一個平衡點。

事實上，每個人都還是保留一處隱私地，那和個人自尊、權益有關，「自我揭露」能力再強的人還是懂得適度、及時地保護自己。畢竟我們還是需要一塊安全堡壘，讓自己活得有尊嚴、活得有退路。

　接納正反情緒

決定分手時，兩個人處理得相當理性，好聚好散嘛！然而在夜深人靜時，複雜的情緒不知不覺又跑出來。如果說完全沒有愛意，那是不可能；說要回頭復合，卻又難以啟齒。想來想去，不由得怒意叢生，當時給他那麼多機會來調整關係，他卻不珍惜，害她如今耗掉一段青春歲月，也不知道下一個男人在哪裡。

這種既「愛」又「氣」的矛盾情結往往令人不好受。「氣」久了，也可能轉變成更進一層的「恨」。

另一位上班族的矛盾情結是來自和父母的相處。當初邀父母來北部同住，可是父母總有千百個理由來拒絕和拖延，如今，好不容易她在工作崗位掙出一片天地，剛晉升為業務部經理，前途更被看好時，父母卻相繼病倒了。於是奔波在醫院、公司之間，她也產生了矛盾的情緒，一方面她當然感激父母生養之恩，一方面卻又氣父母生病的不是時候，加上老人家不配合醫生的治療方式時，她往往忍不住抱怨責怪，可是一回到公司，她又深深自責自己為何對老人家沒有耐心。

「矛盾情結」是正反兩種情緒同時存在所造成的心理困擾。

例如，想愛又怕被拒絕，想親密卻又怕被束縛，想獨立卻又渴望被呵護。在我們一般的想法，似乎正反兩種情緒不可並存，事實上這種想法反而更干擾我們的情緒，因為我們正不知不覺用那樣的想法「批判」自己。

假如我們學習接納同時並存的正反情緒，並進一步去釐清那份感受，再嘗試作調整，這樣總比「逃避」或是一直在「矛盾」中來得更積極、更舒暢。

以第一個個案為例，愛情關係裡有些人存在一種迷思──彷彿不在一起相處的人就不想愛他（她）了。然而，「愛」和「氣」是可以並存的，「愛」是因為想到過去美好的相處經驗，「氣」是因為想到對方對不起自己。雖無緣份相守，「愛」的感覺若還存在，就讓它自然存在，不刻意壓抑，也不責備自己，一個人反而可以在這份愛的感覺裡得到成長機會。至於「氣」的部分，倒是可以釐清自己究竟在氣什麼？氣對方不忠實？氣對方不珍惜自己？容許自己在日記中或向親近友人抒發這份怒氣。

同樣地，在第二個個案，她本性上自然是愛自己的父母，然而，與其對父母作情緒的反彈，不如化作開放式的溝通，請其他兄弟姊妹共同分擔照顧之責，當一個人體力、精力沒有負荷過量，又不壓抑內心的感覺時，那種怒氣就不容易牽引而出了。

總之，容許自己有時「停格」在負向情緒中，讓自己明白到底發生了什麼事，再找到方向走出「矛盾情結」！

不做受害者

　　他整個人像洩了氣的皮球，完全提不起勁。事情源自於半年多前，他的主管好意告訴他，總公司準備甄選兩名優秀同仁到美國接受進階訓練，訓練期間薪水照領，還可領取專業資格證書。聽到這麼優渥的條件，他自然是心動了。主管最後還說了一句：「只要你手上這個企劃案好好完成，機會很大哦！」

　　雖然沒有正面承諾，但他卯足了勁，把手上的企劃案做到盡善盡美。可是一個月後，名單上沒有他的名字，他整個人也就此一蹶不振，他認為主管沒有盡心地推介他，甚至懷疑主管是利用「出國受訓」的誘因，要他完成企劃案而已。

　　另一位她，最近對好友同事若即若離，照理說，兩個人在同事群裡是最投緣，幾乎無話不說才對。起因是——她為好友同事介紹了一位男朋友，兩人交往了一段時間，看來還情投意合的，可是，最近她的好友同事卻鬧分手，使得居中的她很為難。她覺得好友同事自視太高，不懂珍惜，又勸不聽；然而事後再回想，卻又覺得對好友同事不理不睬，也非本意。這件事就這樣擱在心頭，不知如何是好？

　　細細探究這兩個個案的矛盾心理，關鍵在於和「受害者」心理有關。「受害者」的心中多半是認為「別人對不起我，自己是整件事的受害者」，有時則是認為「我的命不好，總是沒有好機會」。一個人如果長久處於「受害者」心態中，不知不覺人際關係就會呈現緊張狀態。因為「受害者」的語言常有抱怨、酸葡萄式或暗諷。態度則消極、冷漠或鬱鬱寡歡。

　　「受害者」還有一個特徵有別於「迫害者」。「迫害者」通常認定是別人犯錯，因此生別人的氣；「受害者」除了生別人的氣，也有一個部分是生自己的氣。

　　例如，第一個個案看來像是在生主管的氣，其實他也正在生自己的悶氣，氣自己為何輕信主管一句並非「正式承諾」的話就拚命地做。第二個個案，看起來像是在生好友同事的氣，其實也有一部分是氣自己好心沒好報，早知道不該多此一舉。

　　若要跳出「受害者」的陷阱，最好是朝向「責任者」的方向走。給自己重新評估別人的話語的機會，如果決定要用心完成企劃案，那也是來自本人的心意，至於有否入選，則各憑本事了。另外，在幫助朋友的時候，盡一份心意即可，當初創造一份緣份，責任已達成，至於他們是否和好相處，是否結婚生子，已經不在自己的責任範圍內。

　　總之，「受害者」如果能脫離「自責」和「責人」的情緒，就可以輕鬆自在地做自己。

日常相處 08　放下完美主義

　　生活的周遭如果有完美主義者，往往會帶來相處上的壓力。

　　一位女性上班族表示，她是一位全力以赴型的工作者，可是她的企劃案交到直屬主管手上後，總是被修改得體無完膚，讓她深感挫折。

　　在一次偶然的機會裡，總經理看到她的企劃案初稿，發現更具創意和市場潛力，這時，才讓她重振信心，也重新評估直屬主管和她的關係。她注意到直屬主管是一位完美主義者，事事以「高標準」來要求，有時戰戰兢兢，深怕有誤，反而把企劃案越修越離題。

　　還記得有一次在 call in 的電臺節目中，一位女性聽眾談及她的工作壓力和自我期望，她說：「我一直達不到標準。」

　　當時，我立即請教她：「這個標準是你的標準？是主管的標準？還是父母的標準？」

　　她想了一會兒，回答：「是父母的標準。」

　　一下子，她明白了壓力的來源之一是由於從小父母要求嚴格，並將她塑造成凡事追求第一的完美主義者，而她的父母也是

完美主義者，處事嚴謹，不落人後。

有一個追求「完美」的故事發人深省。一位男士自認完美，所以他刻意追求完美的女性作為婚姻伴侶，尋尋覓覓了多年，直到他七十多歲牙齒都已經動搖了，仍然毫無所獲。

有位好友問他：「經過這麼多年，你跑遍世界各地，總該見到不錯的人了吧？」

這位男士回答道：「對！我曾經遇到一位完美的女士。」

朋友聽了，興奮地追問：「那你向她求婚了沒？」

「我是向她求婚了，但是她拒絕了我，因為她也還在尋找完美的另一半。」

七十多歲的「完美」男士很失望地說道。

……

完美，完美，每一位完美主義者所追求的「完美」都有不同的標準，然而，因為追求「完美」所造成的壓力卻是大同小異。若發現自己有「完美主義者」傾向的人，不妨作如下的自我評估：

一、「高標準、零缺點」的自我要求是否讓自己快承受不住了？

二、周遭親近相處的人是否正因為自己的「完美」要求而感到痛苦難當？

三、這麼多年來的追求完美，是否真的讓自己滿意？

從另一個角度來看，若是藝術創作者，追求作品（例如：繪

畫、音樂、電影、雕塑、陶瓷……）的完美，這似乎是無可厚非，「好，還要更好」正符合了創作的更佳境界。然而，在「做人處世」上來要求完美，不免增添自己和自己、自己和別人相處上的緊張關係。

放寬標準，放鬆要求，容許自己有那麼一點「不夠好」的部分，允許自己有「需要改進」的地方。當要求一百分的世界，變成只要八十分的時候，人生將變得更有趣，也有彈性多了。

身體是有記憶的

他，坐在聽眾席裡頭是那麼突出，並不是由於他俊俏的臉龐，或年齡稍輕，而是他有一張失去笑容的臉。

無論其他聽眾如何開懷大笑，他就是紋風不動；無論其他聽眾如何開心分享，他就是緊閉嘴巴不說，這樣的他彷彿暗夜裡發不出光芒的燈塔，有點冷峻而且孤寂。

其實沒有人故意變成拒人千里的人，也沒有人不需要被關懷、被支持，只是在生命成長的歷程裡，可能有了委屈、有了誤會，因此把自己的「心門」逐漸關閉起來了。

心門關閉的結果，連帶自己的感官、感受也逐漸封閉，然而，我們的身體其實是有各種靈敏的知覺，我們的「身體」有時候比我們的「心理」更了解我們的需要，所以，為什麼我們不讓身體的感官更活躍地來「說話」呢？

在一次在演講會場上，一位小姐問道：「我已經長大成人，很想改善和父母的關係，可是有時候情緒就是控制不了，不知道為什麼，我就是很氣我的父母。」

當時，我邀請她出席，並且以「感官復甦」的方式來輕拍她

的身體，當拍打到臀部、腿部時，閉著眼睛的她流出了淚水。

她找到了憤怒的「情緒原點」，原來當年她曾經被父母同時重重地打臀部、腿部，多年來這件往事早已失落，然而在此刻，她記起來了。

她一邊擦拭淚水，一邊說出這段往事時，也決定釋放心中對父母的怒氣。

「身體是有記憶的」，如果我們學習開放身體的感官知覺，同樣地可以從其中找到情緒調整的管道。

身體的「定格信號」

在「情緒管理」的領域裡，有時候透過肢體動作的改變，往往也可以改變一個人內在的感覺，一般常見的，在公眾場合，有的以「愛的鼓勵」式掌聲，有的出示手指頭 V 字形，有的以握手問安等來創造一種愉快、尊重、喜歡的情緒感覺。

事實上，我們每個人的身體非常靈敏，我們可以透過肢體動作來發展一套「定格信號」，所謂「定格信號」，就是發展出個人的身體信號，當你需要某種感覺的時候，只要做出這個動作，自然地就傳導出你所需要的情緒感覺。

舉例而言，我們常見到有些人，當他們看到什麼恐怖的畫面或聽到什麼驚駭的事情，往往把手撫按在胸口，彷彿要好好安撫

自己的情緒，這就是一種身體和情緒之間的「定格信號」。而這種「定格信號」往往是學習而來或是下意識的一個動作。

做一個學習情緒管理的現代人，我的建議是——不妨培養自己一些簡易、有效的「定格信號」，以陪伴自己度過一些負面情緒的難關，比如：

一、緊握拳頭，口喊：「Yes！」陪伴自己從「沮喪」、「失望」，
　　轉向「積極」、「希望」。
二、兩隻手掌交握，摩擦出熱力，陪伴自己從「擔心」、「緊張」，
　　轉向「振作」、「加油」。
三、以手背輕撫臉頰，或以手心輕拍頭頂，即時自我勉勵一番。

每個人都可以開發自己的「定格訊號」，而且是要正面的、積極的，這樣可以隨時透過激勵的、善意的肢體動作，提供自己調整情緒、改變感覺的快速方法。

「孵夢」
來調整情緒

「我整晚都沒睡好。」在一次「身心靈整合」課程上，一位上班族學員如此分享。

當我從「時間管理」角度去核算她一天的作息狀況，發現她每晚有約八小時是睡眠時間，對一個成年人而言，似乎是綽綽有餘，再細問為什麼她覺得沒睡好。

「我整晚都在做夢！」

原來關鍵在於，她覺得自己被「夢境」佔去太多時間，所以有一種錯覺——好像沒有睡飽。

夢，真的是很值得我們來探索和接納。過去，我們可能從長輩處誤學，以為「整晚做夢是身體虛弱的表現」或是「神經質的人容易做夢」。事實上，從生理學的角度，從研究夢境專家的說法來看——做夢是一個人最自由、最豐富、最真實的時刻。有時候，我們感覺長遠的夢，往往只在數秒之間完成呢！

夢境專家不但鼓勵我們多多做夢，甚至教導我們「孵夢」。在睡前，安排寧靜、放輕鬆的環境，拿出床邊的筆、紙，將心中

想探究的，或只是鼓勵自己的幾句話寫上去，然後就能享得「夢境」和我們溝通的機會。

所謂夢境能和我們溝通，意思指的就是人內在衰廣的潛意識，在這樣接納和連繫的管道上，對我們的成長，對我們的生涯發展，都會有更好的幫助。

上班族從探索夢境、善用夢境，可以學到的好處有：

一、睡得輕鬆：

睡前再也不要如臨大敵，擔心做夢影響睡眠。孵夢時，你可以對自己說：「感謝今晚的夢境，那對我有幫助。」

二、探索真相：

夢醒時，不妨針對夢境中的人或發生的情節，去了解你們彼此之間是否仍有尚待整合的關係？

三、尋求靈感：

「對這項新產品，有什麼需要注意的地方？」「A、B、C三份企劃案，從哪一項先著手，對公司更有利？」面對這種挑戰性的問題，除了白天藉助理性規劃，也可以在夜晚睡前交給夢境，尋求內在靈敏的「直覺」反應。

四、決定下一步：

不論是工作去留、情感取捨、或投資與否等，都可以透過夢

境的象徵和解析，找到你「內心真正想要的是什麼」。然後作為決定的參考。

五、排解負向情緒：

常有學員在「夢境分析」的過程，表達他們如何在夢境中向逝世的親人傾訴思念，或對某一憎厭的人大發脾氣。像這樣透過夢境，讓悲傷、感懷、憤怒、嫉妒、害怕⋯⋯有「真情流露」的機會，對當事人的自我了解和調整情緒是有幫助的。

總之，讓我們迎接夢境，相伴而眠，彼此做個好朋友吧！

日常相處 **11** 慎選口頭禪

你有沒有想過：你的口頭禪正在影響自己的情緒和健康？

家人、朋友、同事之間相處時，往往因為彼此熟悉、親近，因此，用字遣句也較無遮攔。往好處想，這樣可以拉近彼此的距離，換另外一種角度來想，可能要注意這些口頭禪在不知不覺中所造成的威力了。

口頭禪的類別，如果要細分，約略可以分類如下：

毀滅型：「我慘了」、「我受不了」、「你去死」、「氣死我了」、「吃不消」、「頭大了」、「你會死得很慘」、「你瘋了」、「你吃屎」、「我完了」等。

否定型：「少來了」、「你很煩哪」、「算了」、「活該」、「笨蛋」、「沒用」、「好狠心」等。

模稜兩可型：「隨便」、「沒關係」、「都可以啦」、「還好」、「再說啦」等。

懷疑型：「奇怪」、「你怎麼搞的」、「為什麼」、「誰說的」等。

激勵型：「太棒了」、「帥呆了」、「真好」等。

當然，如果還要細究，還有類似「三字經型」、「國際通用型」等。在此，我們來著重探討這些讓我們說成習慣的口頭禪，除了發洩情緒或拉近距離之外，可能還會有哪一些影響？

從「身心醫學」的角度來了解，一個人的意念、想法、說詞都正在影響個人的情緒，同時在交互作用下又影響到體內的器官。這也就是說，如果要做一個重視健康規劃的現代人，除了注意飲食習慣、健身運動之外，也需要關心我們每天正在「餵養」自己心靈的內容，因為我們所說的話、每一字每一句都正在和我們身體的免疫系統「連線」，所以，我們豈能不慎選口頭禪呢？

換個角度，豁然開朗

有一回，我應邀至一家公司講課，講授過程中，教室的門突然被推開，一位女士的臉龐闖了進來，並且問道：「你們有沒有看到一個牛皮紙袋？」

一時之間，教室內有著片刻的沉默和尷尬，有些學員搖搖頭，有些學員回說：「沒有看到！」有些學員則皺著眉頭不吭氣。

我則回應露著臉的女士，告訴她：「顯然是沒有人看到哦！」

瞬間，露臉的女士把門關上了。

教室裡仍瀰漫著不是很愉悅的氣氛，由於正在講授「情緒管理」，而這正是一個絕佳的機會教育。

我問大家：「請告訴我此刻你們的感受？」

有的說：「被干擾，很不舒服！」

有的說：「這個人很不禮貌！」

有的說：「打擾到人家也不會說聲抱歉的話！」

對，當我們從「負面角度」去「批判」一個人的時候，「情緒」很快地也被「干擾」成為「不舒服、不愉快」的狀態了。

於是，我又問大家：「請問，從這個人的身上我們學到了什麼？」

有的說：「先敲門，再開門！」

有的說：「我會有禮貌的請問……」

有的說：「發現打擾別人上課，會說抱歉的話。」

「哈，可見從這個人身上，我們也學到不少東西，是不是也該謝謝她呢？」當我這樣一說時，教室內的氣氛有了明顯的轉變，大家恢復了原先的有說有笑。

是的，事件發生的那一刻，我們都會有些立即反應，這些反應正在影響下一刻情緒的形成，所以，就看當下此刻，我們是選擇「負面」去看待，還是「正面」去看待了。

情緒數字是指標

讓我們來想像一個畫面：

早會時間，在辦公室裡，不論主管或屬下都很自然地從一至十報出一個數字。這時，他們並不是照順序在「報數」，而是各自報出當天早上的「情緒數字」。如果報出「八」、「九」、「十」，表示情緒不錯，如果報出「五」、「六」，表示情緒平平，如果越接近「一」者，表示情緒不佳。

《EQ》一書作者丹尼爾·高曼曾提及一所美國私立學校為學生設計了 EQ 教育，學生在點名時報出「情緒數字」，作為老師當天關注他們學習行為和情感生活的參考。

同樣的道理，企業界也值得重視員工的情緒教育，因為創造一個人際關係和諧、同仁向心力強的工作環境，已經是二十一世紀的職場趨勢。所以，公司除了研究品牌形象、產品通路、企業營收之外，辦公室內摸不到、卻感覺得到的情緒氣氛同樣重要。

有遠見的企業體，一定懂得讓員工有適當的通氣孔，讓「職場 EQ」在辦公室發揮作用。

誠如前面所提，如果在早會時間讓員工享受「情緒教育」，

將內在真心感受報個數字，說出感受，主管適時以「接納」和「引導」的方式來關注員工，相信對工作進度、員工的身心發展和辦公室氣氛都會有所助益。（前提：當然，主管必須是個重視「職場 EQ」的人。）

讀者朋友或許也可以試著每天早上問自己：

「此刻的情緒數字是多少？」

臨睡前再問一次，讓自己觀察一天裡面「情緒數字」的波動狀況，同時決定隔天如何做更好的情緒調整，這也不失為自我「情緒教育」的方法之一。

EQ作業

一、你此刻的情緒數字為何？（早上）

二、你此刻的情緒數字為何？（睡前）

人生是來享受的

「人生是來享受的！」

演講會場上，當我這樣堅定地說時，立刻可以感受到聽眾對這句話的驚訝反應，因為這似乎和某些宗教的觀點有所抵觸，或者有人可能想成「享受是放蕩享樂」。在這個當下，我會有所解釋。事實上，我是尊重也接受各種宗教在勸人為善、追求心靈平靜的做法，而我所說的「享受」這兩個字，是為了提供另一層思考方向，讓有志於情緒管理的人，或是正在追求身心靈整合的人找到門徑。

所謂的「享」是「分享」。

「分享」這兩個字若能仔細推敲，當可發現其中完全不具批判意味，是以一種「平行」的方式和周遭的人相處。當我們在分享一份感受、分享一種經驗、分享一個故事，基本上，我們不急於要求對方回饋，只是自自然然地「給出去」了。

所謂的「受」就是「接受」。

在我們的情緒內裡為何會有這麼多的衝突、矛盾和掙扎，就是因為我們無法接受。無法接受什麼呢？往往是因為無法接受自

己，無法接受別人。

　　如果我們開始學習不用「討好和姑息」的方式去接受，而是真的練習「放下批判」的去接受，當可發現在接受自己、接受別人，甚至接受大自然、萬事萬物的過程中，我們正在享受人生的成長、平靜、感恩和喜悅。

　　一位年輕的男性上班族很開心地告訴我，自從他以「享受」看待人生，當主管交代工作時，客戶打電話來抱怨時，女朋友要求多花一點時間作伴時，他都不再像過去一般煩躁，他說：「因為我正在享受被看重、被需要、以及被挑戰的機會。」

 Practice **A** **恰到好處的情緒化**

1. 碰到主管、同事、客戶對你說 NO，你覺得這是人之常情嗎？

2. 你覺得勇於表達可以釋放情緒的障礙嗎？

3. 工作吃重時，你會主動向主管或同事求援嗎？

4. 你覺得「情緒倒空」可以讓自己冷靜下來，減少「情緒負債」嗎？

5. 你覺得「自我揭露」是需要循序漸進的嗎？

6. 你（受害者）已經脫離「自責」和「責人」，可以學習做自己了嗎？

7. 你（完美主義者）需要學習接納自己可以「不夠好」嗎？

8. 你有練習打開心門，讓身體有「感官復甦」的經驗嗎？

9. 你注重個人的正面意念、想法、說詞，讓自己達到身心靈平衡嗎？

10. 你常用「享受」（分享＋接受）的互動方式廣結善緣嗎？

自我省思

工作 EQ 上，我的優點是：

我需要修正的是：

男人要開，
女人要放

在論及婚嫁的時候，她卻猶豫了。

不是不愛他，也不是有第三者出現。只是從認識、交往，到決定結婚，前後八年中，她總覺得自己是全心向著他；而他，卻像是拉在手上的風箏，看似接近，其實遙遠。

「為什麼他不讓我更接近他？男人都是這樣封閉的嗎？」在結婚的前一周，她特地來諮詢，只為了釐清內心的一些疑慮。

的確，在愛情的領域裡，女性只要人家對她好，呵護她、關愛她。在還沒有辨明彼此是否合適之前，往往因為「不好意思拒絕」或者「不忍心讓對方傷心」，而很快地在精神上、感覺上，甚至身體上就接納了對方。

接納之後，接著就愈要愈多。

男性則不太一樣，男性喜歡主導愛情發展的過程，通常讓女友走到他內心世界的某一個階梯，便就此打住了。這其中的可能因素，一是男性從小多半沒有從家庭學到「親密是可以有安全感」的經驗；二是男性擔心表露太多私人情感需求，會失去男性

氣概；三是男性擔心說了太多，會被追根究柢而受到束縛；四是男性在尚未進入結婚禮堂前，有的仍心存觀望，所以「保留一點」，以策安全。

若是相愛中的男女朋友有類似的情況，不妨適度地調整心態，男性可以學習的是「開」，練習敞開自己，試著表達「憤怒」裡層的「恐懼」，試著表達「冷漠」裡頭的「渴望被愛」。

女性可以學習的是「放」，練習「鬆手」地和男朋友相處，因為，我們不見得需要依賴對方的「口說」，才能了解對方。關心和認清一個人的方法還很多，善用我們的眼、耳、手、心等，都是管道。還有，更需要明白的是——對男性而言，「自由」比「愛情」更重要。

戀愛相處 02　致命的吸引力

　　當我們愛上一個人的時候，看起來彷彿我們為對方著迷，朝思暮想著他；事實上，我們是愛上了自己！

　　其中一個可能是愛上了自己的「需要」。

　　由於對方的談吐、學識、外貌或是經濟能力等，有了那麼一點可以補足我們內在的渴望，於是在生命交會的偶發情境裡，很容易和對方一拍即合。

　　另外一個可能是愛上了自己的「優點」。

　　這和前者不同的地方是，這種人一向對自己充滿信心，欣賞自己，因此當我們看到擁有類似優點的人，基於熟悉的因素，也基於惺惺相惜的情況下，很快地陷入情網。

　　也有一個可能是愛上了自己心內的一份「感覺」。

　　曾經有一位小姐在接受諮詢的過程，坦露了她內心的慌亂和疑惑。

　　她說：「我很害怕自己現在的情況，明明我是在談戀愛，可是我就是患得患失。如果他對我很好，我很擔心萬一分手怎麼承受得了？如果他稍微冷淡，我又害怕他是不是不要我了？」

　　這位小姐愛上的是內心裡一份「不確定」的感覺。

　　有的人從小在「不確定」的感覺中長大，我們不確定爸媽是否真的愛我們，因為我們幾乎很少聽到他們說「我愛你」；我們不確定學校師長是否真的欣賞我們，因為我們幾乎很少聽到他們說「你很棒」；我們不確定兄弟姊妹或好友是否真的接納我們，因為有時候彼此還會爭執嘔氣。

　　如果我們在一份「不確定」的感覺中長大，那麼我們早已習以為常，甚至可以說，我們喜歡這份「不確定感」。這也是為什麼有的人愛得瘋狂、愛得痛苦，因為一份感情中的是或不是，要或不要，是充滿了猜測，充滿了刺激，也充滿了甜蜜。

　　通常而言，我們是愛上了另一個「我」，因為我們正在愛戀的對象身上——尋找自己。

戀愛相處 03　當對方來傾訴愛慕

　　當你身旁有一雙特殊的眼睛，或者某人經常有意無意地出現在你面前，相信你也明白這其中是有什麼事情發生了。

　　如果你正好對他（她）也有興趣，那麼這是一段可以順勢發展的戀情。如果你對他（她）並沒有特殊的感覺，那麼你可能碰到一個狀況，那就是他（她）來向你傾訴愛意了。

　　首先，我們需要了解一件事，多數人是害怕被拒絕的。

　　在他（她）鼓起勇氣來傾訴之前，已經不知道想了多少遍，預習了多少次。假如他（她）有把握，早就開口了，就是因為缺乏信心，考慮很久，來傾訴時才不免吞吞吐吐地。這時候的你，如果心裡沒準備好，乍聽之下，可能跟著支吾其詞，不知所云；或是義正嚴詞、教訓一番；或是嘻嘻哈哈，假裝聽不懂。

　　一位接受諮詢的小姐提及一段經驗，當時是一位男同事來向她傾訴心意，她一時心慌意亂，不知如何面對，只是繼續手上的工作，最後，當男同事聽到「不可能」三個字時，低著頭，默默地走開了。

　　從那天起，她儘可能避開他，除了公事交談，其他絕無接觸。

可是說也奇妙，逐漸地，她開始注意他的動向，關心他的喜好，三個月後，她確定自己對他也有好感，可是對方已經按兵不動了。

……

不論你是否接納或不接納對方，表現出一種溫馨而理解對方的態度在這一刻是相當重要的。

因為「關懷的聆聽」並不代表你接受愛意，而是一種人和人之間難得的心靈碰觸，何不讓對方把心中的感受傾吐而出，讓對方有機會去明瞭那是否只是因為誤解而造成的一時迷戀，或是讓對方有機會去認清和調整今後的關係。

沒有逃避，沒有批判，讓雙方在安全而舒服的感覺中共同經歷一段成長吧！

看到患了「愛情上癮症」的人，不斷在愛情路上來回奔波，我們有時不免疑惑——愛情對於他們，究竟代表了什麼意義？

當我們聽到失戀的人悲嘆道：「唉！沒有永遠的愛情。」

我們可能也跟著茫然地說：「是呀！沒有永遠的愛情。」

問題是——究竟愛情的領域裡有沒有明確的定義？每一個人對愛情的詮釋是否也有差異？

如果要進一步分析愛情的領域，可以分為三個層次來看待。

第一個層次是「迷戀」，在這個階段是初初墜入情網，有時只是單向的，往往只看到對方「好的」一面。這個「好」可能是自己想像中的「好」；由於對方的某些特質正符合了我們內心所熟悉或所需要的，因此產生了巨大的吸引力。這股吸引力多少也帶著「性」的成分，這是屬於「試探」的階段，是浪漫的，是非真實的。

第二個層次是「戀愛」，戀愛是兩個人有了互動過程，彼此渴望和對方生命有更大的結合機會，不論是肉體或精神上。所以，在這個階段雙方難分難捨，因為「結合」的過程讓雙方看到相似

相喜的地方。

第三個層次是「真愛」，真愛的階段屬於「跨越」的階段，也就是從戀愛階段的「二合為一」，此時此刻又歸回「分一為二」的狀況。然而這個階段的「一」，再也不是「迷戀之前」或「迷戀之時」孤單的「一」，反而是一個被尊重為獨立個體的「一」。

真愛階段的戀人雖然不再有激情、不再有狂熱，但雙方的生命已然不再寂寞，因為雙方正鼓勵著彼此發揮最大的潛能，在心靈成長路上學習。

有了「愛情三層次」的詮釋，下回碰到「愛情上癮症」的人，我們能清楚地知道那可能是「迷戀」正在作祟；或者當我們聽到有人談到「沒有永遠的愛情」時，我們心裡明白「戀愛過程確實有時限，但是雙方若能進入真愛的階段，卻是可以長遠。」

……

想想看，我們每天都有一個全新的愛人，這將是多麼瘋狂又新鮮的事。算算看，一年三百六十五天，我們就有三百六十五個全新的愛人，一生就有……。

是的，我們每天可以有一個全新的愛人。我們也可以是我們愛侶的全新愛人，在每一天清晨醒來的時刻。

事實上，我們所愛戀的人，不論是一見鍾情的那剎那開始，或是日久生情，互相承諾的那個時刻開始，他（她）已經不是我們心目中以為所愛戀的那個人。

　　因為在陽光於窗隙之間遷動的每時每刻，他（她）的生命內
容已然有了翻新更動，更不要說是——經歷了一天的起居作息、
與人交談、閱聽資訊、挑戰挫折等種種人生波濤之後，再度出現
在我們面前的他（她）了。

　　這也是為什麼許多相愛中的伴侶，開始有了相處上的困難。

　　才隔了二十四小時不見，為何昨日含情脈脈、溫柔體貼的他
（她）卻失去了笑容，甚至怒目相視？為何昨日信誓旦旦的他
（她）卻完全改變了說法？為何昨日難分難捨的他（她），今天
卻絕情離去？

　　對，關鍵就是，我們多半停留在昨日以前的感覺裡，甚至停
格在當初令我們動情的那個框框裡，所以在和今天的他（她）相
處時，我們分神了，我們一直不願意接受此時已然不同的他
（她），我們一直不能面對此刻已經改變的他（她），甚至我們
在盛怒或無可奈何時會發出呼喚：「為什麼我們不能回到從前？
為什麼你不能像從前那樣來對待我？」

　　每天換一個全新的眼光、全新的心情去迎接生命中的愛侶
吧！當我們拋開舊日的桎梏和要求，活躍在每一天全新的成長和
分享裡頭，我們將會發現，親愛的伴侶竟然也全新、自在地展臂
相迎！

戀愛相處 **05** 戀愛性格三類型

　　如果把性格類型分成三種，一種是依賴型，一種是控制型，一種是競爭型，你屬於哪一種類型的人呢？

　　性格類型是受到遺傳、父母家教，以及成長環境等種種因素的影響，性格類型決定了我們的情緒反應，決定了我們如何看待世界，同樣地，也決定了我們在戀愛途徑上的反應和成敗。

　　從談戀愛的角度來看，「依賴型」的戀人，害怕被拒絕，渴望得到語言上或肢體上的承諾，經常患得患失，在相處上採低姿態，碰到衝突或不滿時，往往自我壓抑。在愛情發展過程中，這類型的人是努力爭取「安全感」。

　　「控制型」的戀人，要求被尊重，喜歡掌控愛情發展的局勢，常主觀地決定了對方的需求，並追求完美。在愛情發展過程中，這類型的人是努力爭取「自由感」。

　　「競爭型」的戀人，喜歡追求不易到手的對象，有時也喜歡在三角關係中去證明自己的魅力。愛情中來點冒險、刺激最是寫意了！在愛情發展過程中，這類型的人是努力爭取「成就感」。

　　類型的分法只是為了幫助我們更能體認自己、了解自己，雖

然這是做參考的，不是絕對的，但最起碼，我們可以在戀愛過程中學會觀照自己和觀察對方。

有趣的是，「依賴型」的人容易受「控制型」的人吸引，因為這類型的人在其中看到了力量、權威和安全；「控制型」的人容易接受「依賴型」的人，因為在其中感受到自主、完美和自由；「競爭型」的人容易愛上「控制型」和同樣「競爭型」的人，因為對方越不肯馴服，越能激起戀愛的狂熱，在其中感受到的是層層破除愛情障礙後的喜悅和成就感。

當然，若要立於愛情不敗之地，我們還有另一種選擇——那就是「三合一」型。

假如我們懂得去綜合和選取這三種類型的優點，例如尊重、創意、分享，在戀愛相處的過程懂得適時、適地、適人、適量地出招，相信也可以讓戀愛生活更豐富、更有變化。

戀愛相處 06　愛人的動靜之間

　　昨晚，你們分明共度了一段愉快的時光，互道再見時，彼此還依依不捨。今早，你福至心靈，想到一件有趣的事並好想告訴對方，你猜測他（她）也會和你一般哈哈大笑，或者誇讚你的幽默可愛，於是，一通電話，你迫不及待地打過去，這時，咦？接電話的他（她）怎麼冷冷淡淡，甚至在最初一剎那，你以為自己打錯了電話。

　　有時候你和他（她）成天膩在一起，逛街、聊天、看電影、到餐廳……一到分手時還覺得意猶未盡。有時候，你又覺得有點煩，好像說來說去也是那一套，玩來玩去也不過如此，你好想獨處一下，於是在邀約的時刻裡，語氣、態度方面，你遲疑了。

　　戀人之間的相處通常有些微妙的細節。此處我們要探討的是能量的流動現象。由於每個人都有各自的生命能量，生命能量來自於一個人的人生態度、健康狀況、自我接納程度等的總合。因此，在人際互動的過程裡，每個人的生命能量也都正在進行輸出、吸入、整合的工作。一對戀人，由於交往頻繁，能量的進出更加快速，因而有時不免會感到能量耗盡。

在此建議戀人們，不妨進行覺察的功課。假如我們的能量過度活躍，影響到對方的安全空間（這個安全空間包括了感覺上和生活上的），那麼在能量輸出和搭構的過程必須客觀地觀察，並在彼此感覺舒服的情況下來嘗試繼續進展。比如：打電話的次數、電話聊天的時間長短，或是關心對方時所能探詢到的程度必須適可而止等。

有時候「暫緩」、「退一步」或「靜觀其變」也是戀人能量輸送交流的過程之一。總之，如果能在動、靜之間掌握其中收放自如的竅領，你將會發現，在你們之間，生命能量正如兩股電流有了豐沛、有趣的交會。

做對 20％的距離管理

在一般的管理學上有個說法──20/80 定律。也就是百分之二十的高績效員工，創造了公司百分之八十的利潤；百分之二十的重點客戶，創造了公司百分之八十的業務收入。

在戀愛的領域上，一樣可以善用這個 20/80 定律。以「距離」為例，談戀愛的初期是一段甜蜜時光，這時候彼此仍在探索、追求階段，日子裡充滿了神秘、好奇和愉悅，因此兩個人恨不得時時相守，日日相見；等到進入了固定的階段，神秘感不見了，渴盼約會的刺激感消失了，這時，20/80 定律的「距離」管理就要

派上用場。

戀人之間的「距離管理」包括哪些內容呢？這裡面包括時間距離、空間距離、感覺距離和視覺距離等。

在時間距離上，至少維持兩、三天不見面，讓彼此在不同的環境裡、心境裡開創個人的成長內容。

在空間距離上，最好維持在車程半小時至一小時左右之內。也就是不要太近，但也不要太遠。

在感覺距離上，在兩個人不見面的原則下，如何創造保有親密感的分享？這就要靠 3C 產品了。這時，切忌在上班時刻 mail 或 line，因為氣氛、角色和時間都不容易掌握，最好是睡前。這時，彼此都放輕鬆了，講話的語調、速度和內容，都會有更好的傳達。

在視覺距離上，當兩人有機會見面時，最好避免正面對坐，造成緊張對峙局面。當側面而坐時，也不急著開口，不妨用一、兩分鐘的時間，面帶微笑，然後以關懷的眼神照看對方，這時，愛的能量就如此傳導了。

以上所提供的就是戀人相處時的「距離管理」，只要掌握好百分之二十的重點原則，相信你就可以創造兩人百分之八十的親密感了。

戀愛相處 07　信任先於相愛

一次在臺南文化局，我以「愛情管理」為主題演講時，一位小姐似乎是鼓足了勇氣地舉手問道：「在什麼情況下可以證明兩個人相愛？

我反問她：「你有沒有過一種經驗，就是雷雨交加時，你會想到他是否被淋濕了？當你在欣賞月光美景時，會想到如果他能在一起不知道該有多好？」

這位小姐點頭了。

對！就是這種感覺，「關心」和「渴望分享」帶來了「愛」的感覺。

當說到這裡時，我又問這位年輕小姐：「你有男朋友嗎？」

她落落大方地點了頭，又快速向旁座的年輕男士望了一眼，哈哈！一下子她透露了秘密。

我接著再問：「男朋友就在你旁邊？」

這回她不好意思地點點頭。隨即，我邀請這一對戀人站起來接受全場聽眾的掌聲祝福。

是的，相信任何一對戀人在認識的當初都渴望天長地久，然

而，為何總是會面臨「相愛容易相處難」的狀況呢？

因為在初陷情網時，兩人都極欲了解對方，也渴望被對方了解，所以在逐漸接近的過程，雙方都展現了絕佳的魅力和耐心。當雙方了解到某一程度時，吸引力減少了，「愛」（關心和渴望分享）的習慣減弱了，相處上就開始有了現實生活造成的摩擦。

如果你要問我，有什麼可以維持長久相愛的神秘力量？

我的答案是：「信任」。

如果「信任」多於「愛」，這份愛情比較容易持久。

許多失戀的故事，除非真的彼此不合適而分手，否則在相愛中的戀人若經不起考驗，均肇因於相愛卻缺乏信任。所謂的「信任」就是「相信自己，也相信對方」，再明白地說，就是「對自己有信心，對戀人也有信心。」

對戀人而言，「信任」比「相愛」重要，哪怕是一個約會準時的習慣，說話算話的承諾，或接受對方解釋的雅量等，都正在累進雙方的愛情積分。

戀愛相處 08　爭吵的微妙意義

　　一對再親密相愛的戀人，在經過「羅曼蒂克期」之後，總會來到「權力抗爭期」，在這個階段，雙方各自對人生的看法、處理金錢的態度、對性的接受度和對工作的取捨等，多少都有些不同的價值觀。

　　「意見不同」這在一般的人際相處是很正常的現象，然而在戀人之間，由於多了一層相愛的關係，即呈現了微妙的權力爭戰現象。

　　強勢的一方希望愛人接受意見，弱勢的一方希望愛人尊重意見。就在接不接受、尊不尊重之間，有些感覺開始走樣了。

　　感覺走樣的時候，如果雙方懂得開放心靈，就事論事，共同找出兩人皆可接受的客觀看法，那麼爭吵很容易平息。但是，過去沒有學到該如何良好溝通的我們，無論是採取直接攻擊，用語言、肢體暴力去傷害對方，還是採取消極攻擊，用沉默、避不見面、漠視來逃避問題，都是在扼殺一份成長中的情感。

　　其實，爭吵除了有助於戀人整合雙方的價值觀，從潛意識的層面探索，這裡面還蘊含另外一種可能性，也就是「爭吵」有時

候是為了證明「對方是否還愛我」的方式之一。

　　由於戀人在相處一段時間後，認識差不多了，吸引力正逐漸消失，情感可能出現疲乏狀態，這時候很需要一些刺激或測試，來探知對方是否還在意自己。於是，有時候開開玩笑，有時候故意鬥鬥嘴，有時候來點反常的行為，爭端就此出現了。

　　做一個聰明而細心的戀人，碰到有爭端時，不妨換個念頭而感到高興地對自己說：「我們終於吵架了。」

　　因為經過「權力抗爭期」的階段，我們才有機會看清楚兩個人真實的相處狀況，也唯有在這個階段學習去溝通、整合和成長，才有可能找到「兩全其美」的相處方式。接下來，我們就有機會進入第三階段的「和諧期」了。

戀愛相處 09　當愛人有了愛人

有一天，你發現你的男（女）朋友還有其他愛人，兩人正暗中往來。相信在乍然發現的時刻，你會恨不得……許多複雜的情緒正一個個冒出來。

「他（她）怎麼可以背叛我？」

通常我們會有這樣第一個念頭。但他（她）為什麼不可以背叛我們？還有，究竟「背叛」代表了什麼意義？

這個痛苦的癥結是來自於我們信念系統裡的一個想法——「他是我的男（女）朋友，他（她）是我的。」

問題是誰也不是誰的，每一個人都是獨立個體，享有自由選擇的主權，所以，當一方要求另一方完全承諾和完全忠誠時，是有「理想上」的可能性，也有「現實上」的不可能性。

如果面臨如此狀況，最好的方法還是開誠布公地和對方溝通，步驟如下：

一、首先找到明理、客觀的好友，或向心理諮詢專業人士傾訴，以便釐清問題所在，並準備好一個開放的心態。

二、不帶批判和乞求的姿態去聆聽和解說。

　　此處有四種對方的模擬回應：

　　1.對方極力否認事實，這時我們可以看出他（她）的真誠與否？

　　2.對方承認事實，也表示了自己的痛苦抉擇，這時我們可以看出他（她）的脆弱與否？

　　3.對方憤怒地表示我們無權干涉，這時可以看出他（她）的主觀與否？

　　4.對於要求同時交往，這時可以看出他（她）的忠誠與否？

三、給自己和對方一個三個月至六個月的評估期。

　　可以選擇自己的回應，如：繼續溝通，尋求共同解決；或是雙方一個月內不連絡，讓彼此各有空間、時間，冷靜思考「自己要的是什麼」；或是兩人一同去尋求諮詢人員的輔導。

　　切忌一怒之下，一走了之，留下不明不白的遺憾，或是維持原樣而拖拖拉拉。

當你決定離去

在我們一生的歷程裡，可能碰過愛人不明不白地決定離去的情形。不論對方是翻臉不認人，或是避不見面，或是杳無音訊，多少都帶給我們一種遺憾和傷痛。因為沒有人期望一開始甜蜜親暱的感情竟然會走向分離。

假如我們是決定要離去的那一方，心中多少也有些矛盾。在情感上，畢竟共同走過一段路，不能說毫無感覺；理智上，又覺得彼此不適合，實在不宜繼續耗下去。在這樣關鍵時刻，有的人處理起來是絕情絕義，說走就走，讓對方全無招架餘地；有的人則是話說不清楚，彼此拖拖拉拉。

假如我們是決定要離去的那一方，該如何處理比較好呢？以下是我的建議。

繼續維護對方的自尊心

通常被要求分離的一方，在心理上多少會受到打擊，以為自己做錯什麼，或是以為自己條件不夠好。其實，只是愛情路上有

了另外的選擇，並沒有誰是誰非。所以，開口表明要離去的我們，切忌在看到對方鬧情緒而表現出嫌惡和斥責。因為，換作是我們被要求分離，我們也會需要一段時間來調整。

「對人」或「對事」的分別說明

有時候，對方一時不能接受，會要求重修舊好，或甚至用生命威脅。在處理這種情況時，我們儘可能讓對方明白──「就人論人」，對方仍是有他（她）獨特的優點和氣質；「就事論事」，這段情感路，自己有了另外的決定。切忌讓對方有「就人論事」的錯覺，一直陷在自我譴責、自我貶低的情緒低潮。

保留可以討論的機會

想想，彼此過去有互相欣賞的地方，如今，不能做情人，至少仍可以繼續做朋友。因此，決定離去的我們不如把「分手」的定義從「離去」調整為「關係改變」。

讓雙方有表達感受、看清事實和尊重對方選擇的緩衝時期。

 快樂分手七招式

談到分手，彷彿和眼淚、憤怒、恐懼畫上等號。其實「分手」
也可以是快快樂樂，彼此祝福的。

一、嗅覺要靈敏：

假如對方經常爽約，說話閃爍，眼睛不敢正視我們，這已經
是分手的前兆，我們當然不會傻到等對方提出分手，才懊惱地自
問：「為什麼？」

二、提前評估：

平日養成評估雙方相處狀況的習慣，如果對方是個不錯的對
象，那麼注意調整相處的技巧和態度，如果對方是不敢承擔承諾
和責任的人，那麼趁早收山吧！

三、反問對方：

如果對方在我們心理沒有防備下提出分手，我們的表情、言
詞千萬不要掉入「哀求」的位置。否則更證明他（她）的決定是
正確的，因為沒有人喜歡長期和一位「自貶」的對象相處。一個
看不到自己好的人，又如何在性別關係上取得自尊和平衡呢？這
時最好的反應是反問對方：「這是你心裡最想要的選擇嗎？」

然後冷靜聆聽。

四、祝福對方：

如果是我們主動提出分手，請告訴對方——我們一樣欣賞他（她）的那些優點，只是彼此不合適；同時祝福對方——大家仍像朋友，可互相通話，彼此關照。

五、遠離電話：

乍然分手，聽到電話鈴聲自然是既期待又怕受傷害，這時不妨強迫自己多外出找朋友聊天遊玩，或安排新的學習課程等。

六、重回交誼圈：

根據這次分手的前因後果，吸取其中經驗，更清楚自己要的是什麼對象，再度走回交誼圈。

七、更愛自己：

不論有沒有戀人，不論要不要分手，看重自己、欣賞自己一直是我們生命中身心寧靜喜悅的泉源。

如果把快樂與否、可愛與否的主權交給對方，生命的翹翹板一定會失去平衡，所以就算是真的面臨分手，也要勇敢地恭喜自己——又有更大的成長空間出現了！

戀愛相處 11　選擇繼續愛他

通常，當我們被告知——「我不愛你，我不想和你繼續往來」、「我們彼此不適合，相信你會找到更合適的人」時，我們往往會有挫折、失望，甚至憤怒的感覺。總覺得我們也沒做錯什麼，可是為何被拒絕呢？

在這個關鍵時刻，我們之所以會不開心，有一種可能是：我們以為對方不愛我們，我們也就不可以愛對方了。

事實上，對方愛不愛是一回事，我們愛不愛又是一回事，對方不愛是對方的決定，假如我們真的愛上一個人，並不是由對方來決定我們可不可以愛他（她）。就算是分道揚鑣了，無法勉強在一起，這時，以真正的愛情發展來說，這份愛仍然可以存在。

因為「愛」與「不愛」不是一轉身就可以改變，「愛」是一種情愫狀態，至少也是兩人歷經默契相處、心靈交契的過程而逐步形成。

一位自覺在情場失意的小姐來諮詢面談時，談及了被迫分手的無奈和痛苦。她說：「哪有這樣說斷就斷的人，也不想想我們兩個人交往多久了？」

這世上確實有些人處理事情的方式讓我們難堪和難過。然而，如果我們真的一時「放不下」對方，何不讓自己多一個選擇？

「你還愛他嗎？」我問面前憂鬱難過的她。

她點點頭。

「如果還愛他，有沒有讓雙方都舒服的方法？」

是的，這是一個微妙的時刻，通常我們在被拒絕時，會立刻採取激烈的反彈，而選擇了生氣、憤怒，甚至恨意，事實上，我們也可以有多一個選擇——選擇繼續愛對方，同時在尊重對方選擇的分開狀態下，覺察、探知兩個人之間的相處癥結。以「愛」的態度來探知，絕對比「恨」的態度來探知更有收穫。

再找一個新的戀人？

對於失戀的人，最快速的治療方式是再找一個新的戀人。

然而，懂得愛自己的人卻不急於在愛情路上奔波，因為失去愛人，還不至於失去人生，我們不妨從跌倒的地方去探索，生命的核心哪裡出了狀況？

有一位接受心理諮詢的小姐提及：「我一直以為自己調整得很好，在一個週末夜晚，我和幾位好友在鬧區逛街，迎面正巧見到以前的男友和現在的女友親親熱熱地走在一起，那種感覺真的是很難形容，是既嫉妒，又痛苦，還有憤恨……後來，我連招呼

也沒打，就這樣落荒而逃了。」

這個難以處理的關鍵在哪裡？

由於我們一向有個習慣，把信心、快樂建築在別人身上，尤其是我們深愛的人，我們依賴對方的關注、讚美來肯定自己。這個模式和我們渴望父母的接納、支持是相似的。一旦這個「依賴別人來肯定自己」的頻道被切斷，內心世界的分裂、痛苦就可見一斑了。也可以說，我們的信心面臨了被貶損的打擊。

在此，我們也無須去自責「依賴成性」的習性，因為這個部分，除了我們自己有責任，父母和周遭的相關人士多少都有些關係。倒是如何深入生命的核心去覺察、去調整才是重點。在此，我提供三則省思的功課，且讓我們向自己的內在世界找答案吧！

一、當失去愛人，我們就覺得失落，是不是我們利用了愛人來逃避內心的寂寞呢？

二、依賴帶來了恐懼，因為我們心裡不踏實，為了逃避恐懼，於是我們想盡辦法去占有，接著又衍生了嫉妒、猜疑、衝突，這種關係會帶來快樂嗎？

三、如果說因為失戀讓我們悲傷痛苦，我們是不是要感激那個離去的愛人，因為他（她）幫助了我們找出隱藏在生命核心內的問題，讓我們看到了更真實的自己？

1 加 1 等於多少？

多數人一聽到這個問題，馬上的回答是：「2」。

沒錯！在數學領域裡，標準答案是「2」，可是在戀愛的領域，1 加 1 卻呈現了多樣的答案。

第一個可能的答案是「1」，為什麼呢？

因為在兩個戀人相處的過程裡，如果其中有一方表現出依賴的現象，把自己這一方的「1」顯現了附著的習性，結果三分之一部分的個人興趣、嗜好隱沒了，三分之一部分的朋友圈減少了，再三分之一部分的人生目標也不見了，完全「寄生」在戀人身上，就會產生了「1 加 1 等於 1」的相處模式。

第二個可能的答案是「0」，為什麼呢？

因為戀人之間感情交惡，互相攻擊、排斥，以致兩個人的健康、能量、財富、人際關係……處在互相減耗的過程中，結果產生了「1 加 1 等於 0」的相處模式。

　　第三個可能的答案是「1 加 1」，為什麼說「1 加 1 等於 1 加 1」呢？

　　因為這一對戀人如果有各自的生活圈、有相異的生活樂趣，或不同的價值觀，除了彼此尊重和信任之外，也有共享的時刻，也有一起成長的學習，也有互相帶動的機會，這時在相處上呈現的是「有一點黏又不會太黏」、兩人的關係是「親密又獨立」，各自的「1」就有了活潑、愉悅的顯現，因此「1 加 1 還是等於 1 加 1」。沒有人在這相愛的過程把自己的興趣、潛能、個性特質或人生目標給抹煞掉了。

　　說起來，「1 加 1 等於 1 加 1」是理想的、愉悅的、平等的相處關係，但是，年輕氣盛的愛情伴侶很少一開始就能做到如此和諧、敬重的關係。

　　在我見識到或輔導過的愛情關係，最多是「寄生之愛」。

　　「寄生之愛」是指當我們初墜情網時，緊緊攀附在一份感覺上，緊緊抓著一個所謂的戀人不放，我們深刻感受到內在靈魂得到連結，得到釋放，我們沒想到這可能只是一種暫時寄生的狀況，我們是藉著別人和我們的相處來滋養內裡的空虛，依賴別人的看重來建立自我認同。

　　如果只需要從單一的對象得到滋養的滿足，這個叫做「單寄生」；如果同時和兩位對象相戀，這個叫做「雙寄生」；如果和

多位對象密切往來，這個叫做「多寄生」。確實，有的人無法單從一個對象感受到結合的完整，他們仍然需要從其他不同的對象來吸收養分。

我們可能從媒體聽到一對戀人互許承諾地說：「沒有你我活不下去，這一生我們將永不分離。」

我們可能自己也對戀人說過：「這一生多麼慶幸碰到你，讓我每一天過得好快樂。」

這裡面都隱藏了一些相處的危機。當我們是依賴另一個人的存活來感受自己的存活，當我們借重別人的力量來支撐自己，只要對方有一點風吹草動，我們恐怕就要搖搖欲墜了。

最好的方式還是建立個人生命的滋養系統，發掘自己的力量泉源，也就是和戀人的相處，不只是「要求」而無法「給予」。學習提供養分，以自由、平等的方式和對方的滋養系統互相輸出輸入。萬一有一天對方切斷輸送管道，我們仍可毫無懼怕地自給自足。

讀者朋友們，想想看，你所希望兩人相處模式「1 加 1」是等於多少呢？

戀愛相處 13　這是你要的愛嗎？

相愛的人通常有比較多相近的價值觀，然而，對價值觀的詮釋，兩人是否仍完全相近呢？

這個答案是：「不盡相同！」

這也是為什麼兩個人在彼此強烈吸引後，隔了一段時日，開始會有些意見或感受分歧的現象。

有一回，一對戀人同時指出「愛」是他們目前人生最重要的價值觀之一，接著當我問到：「對方如何和你相處，會讓你有被愛的感覺呢？」

女方回答：「對我體貼一點！」

這時我請問男方：「她希望你對她體貼一點，你知道該怎麼做嗎？」

「就是對她好一點吧！」男方笑著，俏皮地回答。

「什麼叫做『對她好一點』？」

我希望他的定義可以再更具體一點。

「就是不要惹她生氣！」

聽了男方的回答，我請教女方：「他說：『不要惹你生氣就

是體貼的表現』，這是你要的『愛』嗎？」

女方迅速地搖搖頭。

這時，不僅男方驚訝而且有點尷尬地搔著頭，現場聽眾們也發出了訝異和關懷的笑聲。

「那麼，請問你的『體貼』的定義是什麼呢？」

我轉身請教女方。

有點害羞又鼓足勇氣的她說：「只要我說話時能專心地聽，不要一邊滑手機或看電視，這就是『愛』的表現了。」

對了，就是這麼簡單，真正「愛」的相處是要具體地、清楚地明白對方需要什麼，同樣地也要讓對方具體地、清楚地明白我們需要什麼，萬一仍捉摸不清，請勇敢地互相對問：「我如何具體地做，會讓你有被愛的感覺？」

 恰到好處的情緒化

1. 愛情發展過程，男性常突然打住，是受到哪四大因素影響？

2. 愛上對方，其實是愛上自己的需要、優點和感覺嗎？

3. 「真愛是需要等待。」你是否不會去勉強愛人？

4. 感覺上和生活上，你和愛人之間有足夠的空間嗎？

5. 你做對 20% 的距離管理，讓愛人和你有 80% 的親密感嗎？

6. 你重視和愛人建立「信任」默契，讓愛情長久嗎？

7. 你不會為了拴住一個人而給出大量的「性」？

8. 像「工具人」般的備胎情人，你懂得全身而退？

9. 當對方劈腿，你先求助輔導，再做對處理？

10. 愛人轉身離去，你學習看到自己的好，並祝福對方？

自我省思

戀愛 EQ 上，我做對的是：

我需要修正的是：

親人相處 01　碰到犯錯兒女，給他機會調整

靜謐的午夜裡，突然傳來附近不知哪家鄰居爭吵的聲音，明顯的是一位盛怒中的媽媽，正在毫不留情地責罵孩子。她罵孩子為何考試到了不好好念書，還這樣賴在床上睡覺……她的怒氣、她的聲量在隔了好幾間屋子遠的我聽來，都快要被激惱了，不知道在她眼前的孩子是如何面對？

是縮在角落，敢怒不敢言？是裝聾作啞，視而不見？還是捏緊拳頭，正在怒目相視？由於一直沒有聽到回應的聲音，所以我不明白這個孩子的真正感受。

是的，父母的聲音、父母的眼神、父母的情緒和父母的決定都在不知不覺中影響著孩子的成長。

 晴時多雲偶陣雨的父母

探究到父母的「情緒原點」，實在值得從「自我探索」做起。一位經常發脾氣的爸爸，或是一位經常暗自垂淚的媽媽，都代表

著成長歷程中的一些挫折、傷痛。

有一回，在演講過程中，一位爸爸坦誠說出心中的痛苦和矛盾，他說：「看到孩子不聽話，常忍不住地大聲責罵，可是罵完了，看到孩子很傷心或憤怒的樣子，我又覺得自己為何不稍微忍耐一下呢？為什麼要把家庭氣氛弄成這麼糟？」

透過「原生家庭」的探索，把他小時候的家人關係圖排出來，才發現從他有記憶以來，「爸爸」就是一個很遙遠的人物，而且指頭常指向他、怒斥他。可見他從小是帶著怒氣長大，等到自己組成家庭時，如果沒有「覺察」並「改進」父親對他的影響，那麼父親教養孩子的模式有可能繼續延伸下去。

在管教子女時，我們也常看見有的父母用「晴時多雲偶陣雨」的方式和子女相處，情緒不好的時候揮來吼去的；情緒好的時候，則拼命地補償孩子，像這樣，孩子見不到父母的清楚原則，很容易任意行事，要不就是無所適從。

在此，我們要鼓勵所有的父母，如果我們渴望教養出自動自發、人格正常發展的孩子，在面對孩子的行為舉止、功課成績或交友情形時，不使用帶負面情緒的批判言詞，比如說：「你總是交那些不三不四的朋友」、「你為什麼變得這樣不聽話」或是「你上課一定沒有認真才會功課退步」。

在快發脾氣前，我們不妨先按捺十分鐘，暫離現場，並且先告訴孩子：「等一下，我們好好談！」

這時，讓自己的情緒做轉移調整，例如聽一首音樂、和好友聊一下或翻閱書籍等，再問自己：「怎麼樣告訴孩子會更有效？」

相信經過十分鐘左右的冷靜調適，我們再面對孩子時，會找到更好的行動來引導對方。

如果把父母分成「大於型」（權威型）、「小於型」（討好子女型）、「等於型」（朋友型）和「大於等於型」（亦師亦友型）四種類型，可以說，「權威型」的父母比較容易有負面情緒的引爆，原因是「權威型」的父母自認為對孩子好，子女凡事應言聽計從，然而他們沒想到或是一直不能適應「孩子也有自我主張、自我意識」的時刻，以致雙方容易引起衝突。

有一句話是這樣說：「一個作父母的如果不容許孩子犯錯，這個父母本身就犯錯了。」

說的也是，哪有一個孩子打從出生後就從來不犯錯的呢？最重要的就是，在孩子犯錯的時候，父母是否能自我調整情緒，重新信任自己的孩子，大家「相伴而行」來共度人生各種關卡。

如果孩子把本子丟給你

「孩子不聽管教，該怎麼辦？」

演講會場上，一位憂心的媽媽問道。

「請舉例說明他如何不聽管教。」這時，我邀請她縮小範圍

來看待問題。

她說：「昨天晚上，孩子把聯絡簿丟向他爸爸，結果被他爸爸打了。」

是的，看起來彷彿是孩子不對，聯絡簿應該是用拿的，怎麼變成用「丟」的呢？

然而，換另外一個角度來看，孩子沒有按常理行事，這表示他心裡頭有不舒服的情緒，正想找個機會發洩呢！

「在這件事之前還有發生過什麼事嗎？」

這位媽媽想了想，忽然恍然大悟地說：

「啊！我知道了，我想想，最早是他爸爸昨天回到家，心情不好，看到孩子正在跳沙發，於是把孩子罵了一頓，接下來，孩子不肯好好吃晚餐，功課也有一搭沒一搭地寫著，到最後就是聯絡簿飛出去了。」

事出有因啊！

如果我們只處理「丟本子」的事，這是「治尾」未「治首」。最好人人都重視家庭的情緒教育，願意找對時機來引導孩子看到自己的「情緒走向」。

例如，在引導這位「丟本子」的孩子時，以正面問句追溯到他「不想寫功課」，到「晚餐沒胃口」，到「跳沙發被罵」，同時再問他：「下次該怎麼處理會更好？」

這樣，孩子才能在這一次「丟本子」的事件中，學會如何自

我管理情緒。

「丟本子」事件中的爸爸同樣需要正視自己的「情緒走向」，千萬不要把在辦公室裡產生的「情緒便秘」帶回家中。

他最好問自己：「關於這件事，我和孩子該如何說出各自的感受？」

還有：「下次我該怎麼處理會更好？」

這樣一來，孩子將會從大人身上學到最好的 EQ 教育了。

親人相處 02　碰到異類兒女，給他關心引導

「怎麼辦？我的孩子做奸商了！」

一位不斷成長的新好媽媽，有一天發現兒子竟然拿著漫畫書到學校租給同學看，每一本是兩元。

「請問你當時如何處理呢？」

「我馬上制止孩子這樣做，他也答應了，後來學校老師又打電話來，說孩子拿電玩光碟去租，每一片五元，一星期內要還……」

「孩子有沒有偷盜恐嚇的行為？孩子有沒有犯法？」

這位媽媽想了想，然後搖搖頭地說：「還不至於……」

「其實換個角度來看，你的孩子還滿有生意腦筋，懂得賺錢。然而，他目前還在就學階段，最好單純地專注於待人處世和課業的學習，所以，讓我們來關心更重要的一個關鍵問題，那就是——在這個買賣行為背後的動機究竟是什麼？是孩子想取寵於同學？是為了證明自己有辦法？還是因為他缺錢用？」

「哦！我知道了，前一陣子他一直吵著要零用錢，我想他才

小學三年級，家裡吃的、穿的和用的他都不缺，何必要什麼零用
錢呢？」

我的建議是：「孩子會有買賣行為，表示他需要個人能運用
的錢，如果能開始提供適量的零用金，讓他學習如何去預算和儲
蓄，相信他會學到更正確的使用金錢的方法，你願意給孩子一個
機會及早學起嗎？」

「當然願意！」

這位新好媽媽立刻毫不遲疑地點點頭。

他的動作慢吞吞

眼見上學出門的時間快到了，孩子還慢條斯理地刷牙、洗臉。

眼見就寢的時間快到了，孩子還東摸摸、西碰碰，毫無睡意
的樣子。

眼見……對了，問題就出在「眼見」，大多數父母是看不順
眼孩子慢吞吞，於是東催西促的。結果孩子根本有聽沒有到，全
家氣氛僵化，自己的情緒也被搞砸了。

一向被孩子慢吞吞所困擾的父母，不妨問問自己：「我是不
是性子急的人？」

如果「是」，今後不妨練習不再替孩子作決定。通常我們決
定孩子起床的時間，決定孩子吃早餐的速度，決定孩子該出門的

時間，決定孩子該洗澡的時間，決定孩子該寫功課的時間，於是
那個被決定行程的孩子的動作越來越慢。因為他的心裡有不滿，
他的行為有惰性，反正到時候有人像鬧鐘般地準時催促，最後，
在日常生活中自動自發的能力就逐漸被磨損了。

有一位母親當初也是常見兒子動作慢而挫折感很深。

有一天，當她因為重感冒而躺在床上，連起床的力氣都沒有
了，更不要說是催促兒子，結果她發現兒子動作雖然是慢了點，
但總也是完成了所有動作，她才領悟到——孩子和她有不一樣的
「生命韻律」，她不需要用自己的速度去要求他。

如果說到這裡，我們做父母的還在擔心：

「可是不催促孩子，他遲到了會被老師罵！」

「如果不催促，孩子寫不完功課怎麼辦？」

……

讓我們想清楚吧！我們怎麼不知不覺地把孩子的責任攬到我
們大人的身上了呢？

碰到受挫兒女，給他成長助力

　　一位正積極成長的新好爸爸提及，他最近一直鼓勵女兒參加鋼琴比賽，沒想到女兒的反應卻是搖搖頭，然後一副很害怕失敗的樣子，這點讓他很失望。

　　其實，「害怕失敗、挫折」是人類一向共同的反應，探索其中原因，除了「失敗」這件事予人不舒服的感覺，更重要的是周遭人士對我們失敗的負面反應，更令我們壓力重重。

　　當時，我和這位新好爸爸做「角色扮演」，我當女兒，就由他演練自己，然後接下來，我這個「女兒」就領受到爸爸雖然是好意，但是一直運用強力說服的字眼，讓我「有口難言」，有些話都沒機會表達，後來我乾脆「免開尊口」了，這也難怪，當他和真正的女兒溝通過程中會有挫折感。

　　在「角色扮演」過程中，這位新好爸爸終於明瞭——不能急著說服女兒參加比賽，最好也讓女兒有機會、不會害怕說錯話地把心中真正感受說出來。同時爸爸還可以想些其他點子，讓孩子有培養信心的機會。

當時演講會中還有其他新好爸爸提供好方法，例如：

一、告訴孩子，不管有沒有得獎，只要她有參加，爸爸會準備一
　　份禮物送她。

二、平日就邀請孩子參加孩童的音樂演奏會，讓她有實地觀摩的
　　經驗。

三、邀請鋼琴老師，共同主辦家庭式音樂演奏會，讓孩子從小場
　　面開始培養信心。

　　總之，讓孩子決定參加任何比賽時，不是因為「大人要」而
勉為其難，最好是來自他（她）個人的「我要」，這樣進入比賽
會場也就更有挑戰力了。

如果受不了挫折

　　有些父母會擔心孩子從小碰到挫折感，對他（她）的人生觀
會不會有影響？

　　事實上，過度地保護孩子，孩子缺乏待人處世的免疫力，反
而可能造成往後人生更大的挫折。有時候，適度的挫折感是孩子
成長的助力。

　　那麼，什麼是適度的挫折感？例如：

一、和兄弟姊妹有爭吵的時候。

二、學校的考試不理想的時候。

三、參加升學考試落榜的時候。

四、和同學相處有了誤會的時候。

五、師長交待的事務不易達成的時候。

六、零用錢處理不當的時候。

父母有時候甚至要創造機會，讓孩子感受到什麼叫做挫折感的滋味。譬如：拒絕孩子延後回家的時間、對做家事不討價還價、對孩子實踐自己承諾的要求等。

總之，孩子面對挫折時，最重要的關鍵是父母在此時此刻的態度。如果我們冷嘲熱諷或漠不關心，將加深孩子認為「我很差勁」、「我就是做不到」的無力感。此時也無須過度噓寒問暖，讓孩子誤以為「只要我有問題，就能引起爸媽的注意」。

這時候的父母，當發現孩子反常地躲著家人不吭聲，或是動輒得咎、異常暴怒，或是問些不尋常的問題，那麼我們需要立刻放下手邊的工作，觀察或詢問孩子的狀況。

我們可以做的事是：

一、保留孩子正在自我思考如何處理的空間。

二、當孩子渴望被支持時，我們關懷的言語、態度將適時出現。

親人相處 **04** 碰到強勢婆婆，
給她軟釘子

　　眼前是約三十歲的年輕媽媽，她帶著一個小男孩來聽親子講座，會後問的問題，讓我吃了一驚。

　　想不透的是，什麼年代了？提到婆婆，竟然身體微微發抖。當時接近正午，陽光照射到她的臉龐，讓我看到不安的表情。

　　「我幫婆婆買咖啡，到了家，她卻說怎麼沒放奶精和糖，我說我再去買一杯，她更生氣地罵著——連這一點小事都做不好。」

　　媳婦說的時候，一直自認犯錯，對不起婆婆，顯得手足無措。

　　「慢點，第一杯送到手時，婆婆有向妳說謝謝嗎？」我實在看不下去，需要點醒這位媳婦。

　　「沒有。」媳婦搖搖頭。

　　「婆婆有拿錢讓妳去買嗎？」

　　媳婦又搖搖頭。

　　「婆婆和妳對話時，有尊重妳是孩子的媽媽，是兒子的老婆，是私下請教的嗎？」

　　第三次搖搖頭。

現代社會，多數家庭是婆媳分住，過年過節見面，大家客客氣氣，友好寒暄；像這位媳婦是三代同堂，老公游手好閒，給了婆婆一個機會，常找藉口責怪媳婦。

這位媳婦為了照顧兒子，沒有外出工作，彷彿寄人籬下，成了婆婆的「眼中釘」。

「做人家的媳婦當自強，妳沒有空忍氣吞聲、偷偷掉淚，這樣只有讓婆婆更看不起妳，也給孩子壞榜樣。」

接著，從情緒管理的角度，我給她兩項建議。

一、短程規劃：

當婆婆語帶威脅、不尊重人，這時一定要練習勇敢回答：

「媽，下次您自己去買，絕不會弄錯哦！」

「媽，要不要拿家裡的牛奶和糖攪拌？」

「媽，您這樣說，我下次不敢幫您買了。」

類似這種語句，不是反擊，不是委屈，就是人際相處時，互相尊重的你來我往。若不出聲，只會寵壞婆婆；若大聲罵回去，兩敗俱傷；就是練習提醒婆婆要看重媳婦是「人」，不是「下人」，給婆婆「軟釘子」。

二、長程規劃：

婆媳關係很微妙，傳統社會裡，女方家族有錢有勢，通常在

夫家可以站穩位置；現代社會裡，媳婦做一個有本事的人，至少有一技之長，才不至於被婆家看扁。

小男孩拉著年輕媳婦，吵著肚子餓，所以我把話講得簡單扼要，讓這位媳婦為自己找出一條生路，我說：

「孩子慢慢長大，妳一定要規劃有收入的工作，過一個有尊嚴的人生。」

點點頭的她，牽著兒子往校門口走。還不時頻頻回頭，並且真心誠意地說：「謝謝！」

碰到霸道老公，給他反省空間

耶誕夜，家人聚餐，說說笑笑之際，電視新聞正報導 TOEIC 放錯錄音帶事件，二兒子 Arthur 興致來了，他問：「有人想聽我說 TOEIC 嗎？」

我們當然想聽，不料老公 Show 竟搖頭大聲說：「不聽。」

當場傻眼了，Arthur 的孩子在現場，他們要怎麼思考自己的老爸被阿公拒絕？

為了緩和氣氛，我立刻說：「TOEIC 是怎麼一回事？」

接著，家人就你一言，我一句地討論起來。

Show 是一個顧家負責的人，從小成績很不錯，工作表現優越，自視腦袋聰明的他，可惜對家人缺乏耐心。

年紀輕嫁給他時，他常說：「妳很笨，連這個都不懂。」

有一段時間，我真的以為自己很笨，什麼事都做不好，情緒因而起伏不定。

在自我探索，找回自信的過程中，我逐步釐清「我並不笨，我只是不一樣」，更重要的發現是「所謂情緒化的我，並不是

Show 所說小鼻子小眼睛的人，我只是需要時間、空間調整一下自己。」

當夫妻關係陷在男強女弱的狀況裡，我自認碰到霸道老公，為什麼他都是對的，我都是錯的？

爭爭吵吵多年後，我已經從「自我否定」走向「自我膨脹」，接著走向「自我肯定」的階段，夫妻關係有了很好的改善。

不再用哭哭啼啼，或大聲對吵的方式處理我的情緒，我已透過成長學會用成熟的方式對待。所謂的「成熟」，就是當對方犯錯或說重話，我們並沒有心理「受傷害」的感覺，反而懂得用對方法去帶動成長。

……

冷靜兩天後，那天起床時，看到 Show 正在燙衣物，家中兩個孫子均已上學，媳婦去上班，Arthur 有事外出，這樣兩人獨處時刻正是溝通的好時機。

「Show，謝謝你對這個家庭盡責、照顧，不過那天家人聚餐時，你立刻反應說『不聽』，讓大家很尷尬，家人是需要互相鼓勵肯定，尤其對自家兒子更是要樂意聽聽他的想法。別忘了，你的孫子正在旁邊學習。」

拿著熨斗的他，瞄準長褲的邊線很精準地燙過去，由於我早已學會建設性表達，絕不污辱人格，只是「就事論事」發言。

Show 可能感受到我的誠意，他沒有任何一句反駁，靜靜地。

不到一分鐘，Arthur 買了牛奶到家，正在刷牙的我聽到 Show 好言好語地和 Arthur 打招呼：「早安！」

我發現——夫妻之間，若要影響對方用對方法和家人相處，這是需要自身學習「冷靜」和「關心」。

過往，我常用「情緒反彈」和「追根究柢」的方式，往 Show 的身上「抓漏」，結果弄巧成拙，幾乎反目成仇。

如今，我用「給他反省空間和時間」，讓他有自行省思的機會，果然再霸道的人，都願意聽聽老婆說些什麼了。

碰到好強老婆，
給她好言相勸

剛進家門，又是老婆大聲罵女兒的聲音。

「你們老師是怎麼教妳！回到家，便當盒不會自己洗嗎？功課呢？妳沒有作業要寫嗎？只會看電視啊？」

聽到老婆幾近歇斯底里的怒吼，哲義說：「本來好好的心情也被激怒了。」

才小學五年級的女兒一臉無辜地跑來尋求安慰，老婆又罵她：「妳的前世情人回來啊？妳不要以為有靠山！」

哲義和老婆在大學是同系同班，兩人相戀而結婚，婚後她進到一所國中擔任教師，哲義當完兵後進到一家化學公司從小職員做到業務部經理。

夫妻倆只生一個女兒，不知道為什麼老婆從女兒小時候就盯得很緊，哲義常想著：是老婆個人性格上力求完美所致？是因為學校老師競爭心比較強？還是真的女兒個性懶散，必須督促？抑或是她工作勞累，造成口不擇言？

百思不得其解，又期待改善家庭關係的哲義接受諮詢時，他

首先致歉：「本來希望老婆一起來，結果今天早上她說——是我有問題，她沒問題。所以，她，不肯來。」

一臉尷尬的哲義坐定後，我們打開了話匣。

當我從他老婆原生家庭抽絲剝繭，找到一個可能的關鍵——軍人家庭出身的老婆，爸爸長年在外，媽媽為了獨自照顧四個兒女，常用大呼小叫的方式管教，加上老婆排行第三，不如兩個姊姊優秀，也不如小弟得寵，因此養成了處處好強的習性。

「吳老師，我想到了，我老婆常把女兒拿來和她姊姊的孩子比較，總認為輸人不輸陣。女兒從小練鋼琴、學游泳、上英語，每天忙得團團轉，我只要勸她，她就怪我——你是不是要女兒輸在起跑點，然後每天催來催去，休假日更忙。」

這時，我建議哲義和老婆相處，不要站錯邊，因為他越是站在女兒那一邊，老婆越急越氣，對女兒更多責罵。

「咦？原來如此！」

哲義弄懂夫妻相處的藝術。

「和女兒最近的距離是透過你老婆。請多給老婆情緒上的理解和支持，明白她從小『孤立無援』的感覺，用同理心的口吻回應她。當她說女兒沒洗便當盒，你立刻說：『對！聽媽媽的話，趕快去洗。』

「當她擔心女兒寫作業不認真，你可以問老婆：『我們給女兒一個遊戲規則，好嗎？』」

　　哲義聽到這裡，他若有所悟地說：「老師還真的說對，我是有問題，我常因為她對女兒太兇而跟她吵架，我越生氣，她就對女兒管得更嚴。」

　　「沒有人有絕對的對錯，大家都有好意，只是弄錯了方向調整，記得哦！回去多一點情緒上的支持和引導，你的好言相勸就會有好的效果了。」

　　哲義完全理解個中微妙的關鍵所在，準備回家發揮一個做丈夫、做爸爸最有效的引導了。

親人相處 07　碰到冷漠老爸，給他暖心上身

　　情緒管理的課程裡，正倫舉起手問：「我可能改變我老爸嗎？」

　　正倫半工半讀唸到大學三年級，每天在打工和 K 書之間，彷彿永不停止的陀螺，繞個不停。「如果得到老爸肯定，一切還有意義，可是我老爸就是冷眼旁觀，不說鼓勵的話，還會潑冷水。」

　　正倫希望能改善父子關係，可是按照媽媽的說法：「他就是這副德性，我跟他二十多年，我還不了解他嗎？」

　　好吧！即然媽媽如此認定，正倫也不抱希望，不過每天進門出門，大家總會打照面，正倫能閃則閃。

　　有一天，正倫鼓起勇氣，請教老爸——如果考研究所，可以提供一部分的學費嗎？

　　當時，老爸正在客廳，剛吃過中飯，時間點應該不錯，不料，正倫甫開口，老爸就對他揮手說：「去跟你媽要，不要找我，我沒錢。」

　　正倫看到老爸說完，拿起手機又滑呀滑的，完全不把他的話

當真並關心他。心灰意冷之際，頭也不回地跑出家門。他氣極了，哪有這種爸爸，只會生不會養，也不懂得支持。

果真在「家庭序位」的排列過程，代表正倫爸爸的角色站離至少二十步之遠。接著請正倫找出一位男同學代表爺爺，一位女同學代表奶奶，看看他們和爸爸所站的距離有多遠？

剎時之間，正倫看懂了。原來爺爺奶奶早逝，爸爸由大姑帶大，也只能求溫飽，沒有什麼精神支助。爸爸從小到鐘錶店當小學徒，賺錢是一毛一角的積存。

「我老爸從小沒念書，只能做小學徒，三十年後才有一間小小的鐘錶店，難怪他對錢很看重，對人不懂得表達感情。」正倫把從小到大看到的爸爸串出了生命的真相。

正倫是個熱心助人的大學男生，平日功課再忙，打工再累，他還是會和慈幼社同學到社區幫小朋友做課後輔導。

他當著現場聽眾說：「我一直活在一個迷思，認定老爸應該照顧我，對我好，這麼多年了，我很不滿意他的冷漠、他的排斥，如今，我想轉換角色了。」

這是他聽到我說：「與其陷在僵局，倒不如換個方式——練習做爸爸的爸爸，教他怎麼做爸爸，你們的關係才有機會調整。」

沒錯，我鼓勵正倫——千萬不要長期悶在「爸爸不改，我又能如何」的影子信念裡，當跳出這種負面的思維模式，才能站到比較「高」一點的位置，體諒老爸的自我保護和缺乏同情，然後

開始給出一點一滴的關心和分享。

「想像你老爸是社區教室的小學生，你的口氣會不會多一點善意？你的教法會不會多一點變化？還有，鼓勵他回應時，會不會多一點耐心？」我如此提醒他。

談到這裡，正倫很開心地回饋：「原來我還有新的角色和老爸相處，他的冷漠是因為從小得不到被關心、被了解的經驗，難怪他給不出愛；那就反過來，由我來做爸爸的爸爸，教他怎麼做爸爸……」

正倫一邊唸「做爸爸的爸爸，教他怎麼做爸爸」，一邊回到座位，這時，會場的聽眾立刻給予他熱烈的掌聲。

碰到軟弱老媽，
給她硬起來

曉珊看到媽媽照顧爸爸的方式，可以用「氣憤難當」來形容。已經什麼時代了，媽媽總是蹲在鞋櫃旁幫爸爸擦亮皮鞋；早餐也是豐盛得很，又是蛋、又是精力湯，等爸爸喝剩下的，媽媽加點開水，再喝下口。

「媽，妳為什麼不對自己好一點，妳也打一杯自己喝呀！」曉珊抗議了。

「啊呀，妳不懂，妳爸爸整天在外奔波，要多一點營養。」媽媽輕聲細語地說。

高中二年級的曉珊偏不懂這其中的邏輯，她追問：「媽，那妳每天到不同的家去打掃，妳就不累嗎？」

通常，這時候的媽媽是不回應了，推說：「妳不懂啦！趕快吃妳的早餐，上學去！」

最近，小弟在學校惹了麻煩，媽媽一臉愁苦，因為老師要家長到學校面談。媽媽一向拙於表達，只會賠不是。她也不敢告訴爸爸。

「媽，上週五校慶，今天星期一補假，我可以陪妳去。」曉珊想幫媽媽壯膽。

去到學校，聽到老師轉述，曉珊越聽越不對勁，如果按照小弟班導黃老師的說法——國中一年級的小弟和同學打鬧過程，推了對方一把，導致同學摔倒而右手骨折，不但要賠償醫藥費，還要面臨校方的記過處置，那位同學卻全身而退，完全沒事。

對方的家長也來了，看來就是一對商場歷練豐富的夫妻，他們咄咄逼人的模樣，讓媽媽像縮頭烏龜，一句話都不敢吭。

小弟躲在媽媽身旁，平日調皮搗蛋，如今也噤聲不語，校長和黃老師則是努力平息那對富商夫妻的情緒。

校長室裡，最輕鬆的人應該是那位右手包紮著繃帶，一副看好戲的同學。

看到媽媽在眾人面前唯唯諾諾的模樣，曉珊不知從哪兒來的勇氣，她大聲地說：「暫停，請大家先不要討論賠償和記過，請問這位同學在我弟弟推他之前，他說了什麼話？做了什麼事？」

曉珊講話鏗鏘有力，全場都被震住了。這時，小弟趁著大姊的威勢，小小聲地擠出一句話：「他們都沒有問我。」

一時之間，局勢扭轉，因為大家的眼神望向小弟，而那位同學開始侷促不安，只見他的媽媽眼神嚴厲地斜射到自己的兒子。

「凱達，你說清楚當時發生了什麼事？」曉珊身為晚輩，但在這樣節骨眼上，爸爸沒出場，她總要為自己家人據理力爭。

　　說著，說著，大家終於弄清楚，原來是同學在午休前拉開前座小弟的椅子，害小弟差一點坐空摔倒。

　　小弟很生氣地回問：「你想幹嘛？」

　　同學回說：「幹你媽啦！」

　　小弟一聽，更生氣地說：「放尊重點。」同時用力推同學一把，就是這樣演變為同學右手骨折了。

　　「為什麼上禮拜五，你不照實說呢？」個頭高大的黃老師，拿出手帕，不停擦著額頭的汗水。

　　小弟從媽媽的身旁露出清晰的臉說：「沒有人聽我說。」只見媽媽這時漲紅了臉，想替兒子爭辯又不知如何開口。

　　曉珊鼓起勇氣，面對校長（一位明理公正的女性校長）說：「這件事希望校長重新認定誰是誰非，我們家小弟犯的錯，我們家也會負責。」

　　返家的捷運車上，曉珊的媽媽盯著她的臉說：「女兒，妳很棒！」曉珊則握住媽媽的手說：「媽媽，是妳教得好，我們要硬起來。」

碰到盛怒兒子，
給他冷靜抒解

　　二〇一七年三月十九日的下午五點多，孫爸爸載著二十五歲兒子準備一起到基隆找朋友。在車上，孫爸爸開始唸兒子的穿著，兒子不高興地頂嘴，結果一言不合，互相推拉，後來，孫爸爸把車停在路邊，拿下公事包往家的方向走。

　　怒氣沖沖的兒子開著車，繞了一大圈，正巧又看到爸爸的背影，這時他越想越氣，直接衝撞過去，不但把爸爸撞飛還狠心地輾過去，最後孫爸爸在醫院被宣告不治，兒子也被警方收押。

為何氣成這樣？

　　孫爸爸被撞到的那一剎那，他可能不知道是兒子來撞他？他也可能不清楚教養兒子的過程是哪個環節出差錯，致使兩人反目成仇？

　　這個悲劇給了許許多多親子關係緊張的家庭一個警惕，所謂「養子不教誰之過」，爸爸媽媽可要謹記在心啊！

　　孫爸爸如果能提早明白如下三件事，是可以及時預防事情發生的。

一、理解減少責罵：

　　親子長期分開住，所以沒有足夠的默契和信賴關係。如果是關係好的父子，有時唸一唸，知道兒子的穿著是潮流，趕流行，講一遍就不再囉嗦；兒子也知道爸爸是為我好，明白儘量配合體面衣著，給爸爸一個面子。

二、語言暴力造成衝突：

　　破壞性表達容易造成對方有挫折感，挫折感又容易引起攻擊，所以，家庭裡，親子、夫妻最好用建設性表達，例如本來要說：「你這樣穿太邋遢了。」可以改為：「我們去的場合需要穿正式一點，請配合一下，謝謝。」

三、冷靜才能解除誤會：

　　盛怒中，暫時隔離一下是對的。所以，當孫爸爸決定下車時，這個措施可以暫時停止衝突，但下車前最好說：「兒子，爸爸需要調整一下，車子你先開吧！」給兒子一個榜樣，學習爸爸如何情緒管理。

兒子被寵壞了嗎？

孫爸爸的老婆在中國經商，兒子從小是跟著媽媽，在獨生子女世代裡，許多孩子在 4 加 2 加 1 的教養模式中可能變成了小霸王、小公主，處處要人家讓著他（她），連爺爺、奶奶、外公、外婆這四個人，加上爸爸、媽媽這兩個人都不看在眼中。

除了教導者要避開破壞性表達之外，教育子女也需要建立遊戲規則，從小讓孩子有分寸拿捏、知所進退，而不是講一句頂一句，變成一言九「頂」的小屁孩。

家人的 EQ 教育

情緒管理的教導是從小在夫妻相處磨合中逐漸找到共識，並且一次又一次地修正語言模式、思考模式、行為模式，讓孩子從爸爸媽媽的互動中學到 EQ 的方法和信心，進而學到正確的管理情緒、調整情緒和抒解情緒。

像這種盛怒中做出衝撞爸爸的行為，基本上，他還是沒有體認自己錯在哪裡？他被教育成「我對你錯」的孩子，這可是還有漫長的成長路要走，希望他的媽媽見到他後，能給兒子重新省思、正確引導的機會。因為，錯一次，不能再錯第二次了。

親人相處 10　碰到嘮叨爸媽，給他勇敢表達

　　有一回，在演說現場，一位高二女學生垂頭喪氣，整個人的樣貌就是不開心。我請她上臺做「溝通演練」（找對時間、找對地方、找對人、說對的話）。

　　所謂「說對的話」，就是「講出感覺（Feel）」和「說出需要（Need）」。在慢慢引導下，高二女學生終於說出心中苦悶的原因。她說：「爸爸要求我考前三名，這對我而言是有困難的，我的壓力很大。」

　　至於要如何和爸爸說出自己的需要，由於過去都是「你說我聽」的溝通模式，如今要講出自己的需要，改用「我說你聽」的方式來相處，高二女學生遲疑了。

　　「爸爸，希望您給我鼓勵，不要用名次來要求我，好嗎？」高二女學生終於學會如何去和爸爸溝通。說到這裡時，全場聽眾都給出最熱烈的掌聲。

　　女學生的媽媽就坐在一旁，她說：「老公自己念書時也考不到前三名，現在卻要求女兒做到，讓她壓力很大。」

 表達的安全感

大人通常從小沒正式學過有效溝通的技巧，加上他們在成長過程多少有些個人的挫折和矛盾，不知不覺就延用命令、威脅的，或是指責的溝通模式，讓孩子受不了。

我常常建議大人在家裡要建立兩項安全感。

一是「愛的安全感」，二是「表達的安全感」，也就是先不要要求子女凡事都正確無誤，凡事都順從聽話。孩子正在成長，還需要時間，需要方法。

反過來說，身為子女的你，如果遇到不合理的對待，遇到被大人誤會了，你不妨勇敢地善用溝通的四大原則，好好地和大人互動。

有個小學四年級男生，那天數學沒考好，一到家，他找對時間（媽媽並沒有忙碌）、找對地方（家中客廳），找對人（媽媽），說對的話。

他說：「媽媽，今天我數學沒考好，是因為考試前突然肚子痛，結果上了大號回到教室，題目已經來不及答完，媽，我的實力還在，請不要擔心。」

媽媽告訴我：「孩子這麼懂事地分享，我當然不生他的氣。」

好好地回應

還有一位高二男學生，有一天發現媽媽嘮叨個不停，讓他煩躁，本來想和以前一樣戴上耳機，不理她。後來他想到上課中學到「講出感覺」、「說出需要」，何不一試呢？

於是，他勇敢走到媽媽面前說：「媽，有關整理房間的事，等我這兩段數學習題做完就可以進行，請放心！」

他說：「我只是改變過去愛理不理或頂嘴的方式，媽媽突然嚇了一跳，她暫停手中的拖把，對我眨了一下眼睛很開心地說：『OK！聽到了。』原來溝通很容易，好好地回應就是了。」

另一位國二女生，她認為媽媽偏心，明明是弟弟來惹她，不告而拿走房間的削鉛筆機，難道她就沒有權利要回自己的東西嗎？為什麼一直怪她做姊姊的不會讓弟弟。

她後來反省自己早上對媽媽大吼大叫也不應該，因此調整好心態後，在晚上睡覺前半小時，請媽媽到自己的房間，然後說：「媽媽，希望弟弟要學會先開口向我借東西，我沒有不借他用；還有，也希望媽媽幫我們協調而不是先怪罪我，好嗎？」

國二女生心平氣和地和媽媽溝通，讓媽媽很欣慰。

這位媽媽在演講會中和家長們分享，她感性地說：「不要以為我們是大人，比孩子年紀大，我們就做什麼都是對，有時候我覺得自己更孩子氣，逼著小孩認錯，絕不認輸。這次女兒主動來

溝通，我自認也有處理不周到的地方。」

　　沒錯，相親相愛的家人，不論誰對誰錯，只要有覺察、有調整、有學習，自然就可以串起良好溝通的橋樑；若碰到暴力相向、心術不正的大人，那就需要在第一時間求助，例如：學校的輔導老師、社會上的輔導機構，有許多專業人士是會挺身而出，請給自己機會，絕不放棄哦！

親人相處 **11** 碰到權威叔叔，
給他討論空間

孩子愛頂嘴，孩子不聽話，多數的大人會認為是孩子的錯，怎麼可以如此莽撞無禮，怎麼可以一而再，再而三的犯錯？

電影《海邊的曼徹斯特》，由凱西艾佛列克飾演的小叔叔李，他面對姪兒派屈克失去爸爸而手足無措，卻無心於收養派屈克。

餐桌上，李對派屈克說：「遊艇該賣掉，房子要出租，然後你轉學到波士頓跟我住……」正當這樣說時，高中的派屈克血氣方剛，他根本聽不下去。

派屈克直接在餐桌上對叔叔李嗆聲：「你這是告知？還是請教？」因為十六歲的派屈克自認有足夠照顧自己的能力，不見得因為媽媽遠離小鎮，爸爸剛過世，身為獨生子的他就要接受叔叔的安排。

聽到電影中的這句對白，讓我突然醒悟，「你這是告知？還是請教？」正是一語道破親子之間緊張關係的源頭。

不少的父母習慣用直接的、命令的、權威的方式告知孩子下一步應該怎麼做，孩子的反彈原因有三：

一、為什麼不先聽聽我真正的意思？

二、你們大人的意見我不想聽，不可以嗎？

三、難道我們沒有討論的空間嗎？

一夕之間成熟了

就是這樣的一來一往，更增加了親子之間的誤會。最後是李承認自己無法擔任姪子的領養人，他重新做了安排，並請教派屈克：「如果我不領養你，改由爸爸情同手足的好友喬夫婦來收養，然後，等你有空再到波士頓找我，OK 嗎？」

這次，派屈克不再嗆聲回去，一方面叔叔李說：「我已經撐不下去了。」另一方面派屈克看到叔叔李的三個子女照片，他明白叔叔曾經因為喝酒誤事，三個子女被燒死在屋內，加上老婆不諒解轉身離去的種種打擊，讓他一蹶不振……於是，這個青少年一夕之間變得成熟並體諒大人的為難，接受了叔叔李的建議。

這就是大人和小孩子之間的功課，當大人用對方法來引導時，小孩子也就有機會學到「將心比心」的互動，同時，體諒大人的用心良苦，不再堅持己見而一意孤行。

下次，當我們和孩子說話時，可別忘了「請教」的溝通效果絕對贏得過「告知」，大家可以試試看！

碰到重組手足，
給他清楚界線

媽媽和爸爸離婚時，當時雪薏只有兩歲，什麼記憶都沒有，只知道媽媽常說：「那個家庭好可怕，那個女人（婆婆）好可怕，那個男人好可怕！」

所有的「好可怕」讓雪薏可以接受媽媽在她十二歲時再嫁，她都叫他「爹地」。因為媽媽覺得這個男人「好可愛」，所以媽媽親密地稱他「爹地」，她也跟著喊。

當初，媽媽有問過雪薏的意見，雪薏看到媽媽喜不自勝，覺得媽媽幸福最重要，而且面前的趙叔叔（最早如此稱呼）看來和氣有禮，讓她安心。

媽媽和爹地籌劃婚禮時，雪薏才意識到自己平白多了一個姊姊（大她一歲）和一個弟弟（小她五歲）。她即將面對的是重組家庭複雜的手足關係。

已經兩年多了，目前唸國中二年級的雪薏和國三的「姊姊」、小學三年級「弟弟」，只要有大人在家，彼此井水不犯河水，相安無事。甚至開車出去玩的時候，氣氛和樂融融，彷彿幸福的一家人。

　　雪蕙心知肚明，在那對「姊弟」的眼中，她和媽媽根本就是異邦的入侵者。由於媽媽高 EQ，而且在化妝品公司擔任高階主管，收入豐沃，所以，在這個家，她多少還是有「位置」的人，至於雪蕙？

　　只要媽媽和爹地不在家，很明顯的就是對分兩派，姊弟聯合欺負她。例如：當她上過大號，從浴室走出來，弟弟就故意揮著手，走進去又走出來地說：「好臭！好臭！」

　　雪蕙晚上補習到家快十點了，她急著想洗澡，但通常姊姊在浴室又是聽音樂，又是吹頭髮，搞到十一點多，讓她很生氣。

　　有幾次，媽媽看出雪蕙的表情，她會說：「爹地已經洗好了，妳就到裡面這一間吧！」

　　雪蕙從來沒到主臥室的浴室洗澡，因為那是媽媽和爹地的私密空間，她無意闖入。

　　就在雪蕙左右為難，和重組家庭的手足關係矛盾時，她想到可以寫 FB 私訊給我。雪蕙的文筆好，而且心地善良，她問我：「有沒有不讓別人欺負我，我也不去傷害媽媽的好方法？」

　　首先，我建議她：

一、不把爹地的孩子當「別人」，當彼此對立，關係可能越扯越遠。儘管彼此沒有血緣關係，至少是家人關係，那麼就需要調整自己的心態。

二、山不轉，路轉；路不轉，人要自己轉；找出新的互動模式，
　　讓姊弟尊重妳的界限，妳也有自在的生活方式。

　　果不其然，聰明的雪薏在下一次 FB 私訊裡，她寫到：「吳
老師，很謝謝！媽媽送了我一瓶香水，上過大號，我會噴一噴；
弟弟對我做不禮貌的動作，我就學他動作，讓他覺得我根本不在
意，他也沒什麼好玩；如果姊姊動作慢，我會和她預約時間——
請問她十點半出來？還是十點四十分出來？很好玩，我越不以為
意，他們就影響不了我的情緒。對了，吳老師，報告好消息，將
來我要念心理系，學學心理諮商，人的感覺和情緒太有趣了。」

　　哇！一個國中女學生，不但從重組家庭掙脫了框架，還規劃
了未來的理想目標，她實在該感謝年紀輕輕就能得到這麼多的學
習機會。

碰到自私妯娌，給她顏色看看

慧茹的小嬸三年前進到夫家，比慧茹早兩年。慧茹剛進到大家庭，大家還客客氣氣地。

不料，一年後，當慧茹也有了 baby 皓皓，關係起變化。起因是婆婆幫小嬸帶兩個孩子，一個三歲多，一個一歲，慧茹有空，自然多少幫忙看前顧後，但小娃娃不是搶著玩具，就是需要把屎把尿。

那一天，小嬸的大兒子搶了皓皓手中的小車子，皓皓哭了，慧茹正在教導小嬸的大兒子不可以搶玩具，不可以欺負弱小，結果，猛一抬頭，剛下班的小嬸眼神彷彿利劍穿心，猛地刺過來。

小嬸的兒子看到媽媽回家，委屈地號啕大哭，小嬸也立刻奔向前來，一把摟住自家兒子。

小嬸不問婆婆，不問慧茹，直接問她兒子：「跟媽媽說，誰欺負你了？」小嬸兒子有恃無恐，手指著皓皓說：「他搶我的玩具。」

這下有理說不清。只見小嬸抱起她的小女娃，又摟著兒子說：

「走！我們進去。」三個人浩浩蕩蕩地就往房間走去。

客廳裡的婆婆一切看在眼中，但不吭聲，只是收拾茶几上的碗筷，搖搖頭地往廚房走。

晚上，慧茹的老公傑利下班進房裡，看到老婆心事重重，他關心地問：「怎麼了？」

這一句問候，慧茹的委屈傾洩而出，哭花了滿臉，事後，傑利建議老婆一起找我諮詢。

安排見面時，夫妻倆抱著可愛的皓皓，不到一歲的男娃，雖然坐不住，但還算聽話。

我聽到事件的來龍去脈，分析給這對夫妻聽：

一、三代同堂原本就人多嘴雜，爭端也多。

二、妯娌完全沒有血緣關係，人心隔肚皮，確實相處不易。

三、婆婆有領小叔小嬸的保母費，他們忘了是有慧茹的熱心參與，否則單靠婆婆一人照顧兩個小娃娃是很吃力。

四、作為家族大家長的婆婆沒有仗義執言，向小嬸說明——是她大兒子先搶皓皓玩具，而慧茹是好言相勸，並沒有打罵她大兒子。

慧茹在充份被理解後，她心中寬慰很多，同時表達：「我們夫妻正在存頭期款，我預計兩年後開始上班，到時候皓皓可以上幼稚園。我們準備搬出去住。」

　　我嘉許他們夫妻同心協力，正努力開創新局面。「不過，為了皓皓好，我還是建議妳做一個格局大的嫂嫂。」

　　聽到「為了皓皓好」，慧茹和傑利都專注地看著我。我建議他們另一層思考：「情緒難免低落，但還是需要調適回來，你們希望皓皓有堂兄、堂姊一起玩嗎？」

　　我繼續說：「如果因為小嬸不懂事，用錯態度和你們相處，也用錯方法教育她的兒女，損失必然存在；而你們也 copy 她自私自利的做法，從今相應不理，互不來往，皓皓成長過程不但少了叔叔、嬸嬸的關愛，將來也少了堂哥、堂姊的家庭支援系統，多可惜呀！」

　　聽到這裡，傑利和慧茹相視而笑，傑利上過我的 EQ 課，他對老婆說：「吳老師的意思，我們看遠不看近，站在高一點的位置來看待，心胸會寬大許多，價值觀會更有彈性。」

　　「對！給妳的小嬸一點顏色看看，讓她見識什麼叫做格局大、不計較，她才有反省的機會。」

 **恰到好處的情緒化**

1. 你正在練習做「大於等於型」（亦師亦友型）的父母？

2. 子女情緒暴怒，你會心平氣和地和他互動？

3. 你不剝奪孩子負責任的權利？

4. 你建立了遊戲規則，讓孩子不會沉迷網路或電視？

5. 碰到強勢婆婆，你會站穩立場，理直氣「和」地溝通？

6. 夫妻關係好，孩子就容易情緒穩定，並樂於學習嗎？

7. 父母過度干涉，你會調整情緒，引導他們去除心中的不安？

8. 引導孩子和親族相處，可以創造很多的支援系統？

9. 分手的父母，仍需告訴孩子：「爸媽一樣愛你？」

10. 妯娌是沒有血緣關係的親人，你保持安全距離，並讓對方尊重你？

 自我省思

親子 EQ 上，我做對的是：

_____

_____

_____

_____

_____

_____

_____

我需要修正的是：

_____

_____

_____

_____

_____

_____

_____

_____

_____

第四部

如何面對情緒勒索？

情緒勒索是人際關係裡無意中發現的好處，

人們習慣向周邊弱勢的人去取得有力的資源。

情緒勒索

「情緒勒索」是一個很有趣的名詞，明明我們常受到旁人情緒勒索，自己也不經意對別人情緒勒索，然後在人際互動裡產生了許許多多的誤會、糾結、衝突。不過，我們並未從此歇手，因為，在情緒深層的內在，我們忘了去探索這個部分的威力。

情緒勒索的定義

「情緒勒索」（Emotional Blackmail），這個詞彙早先由美國心理治療學家蘇珊・福沃德提及。

根據維基百科編輯所示：「情緒勒索……意指一種無法為自己負面情緒負責並企圖以威脅利誘迫使他人順從的行為模式。」

心理學家朵蕊絲・利星在描述情緒勒索時說到「a sort of psychological fog」（一種心理上的迷霧）。

在我多年輔導和演說過程，記得有位十七歲少年，在「身心靈成長課程」中不發一語，直到我說：「快下課了，讓老師關心你一下吧！」

　　靦覥羞澀的他，終於說出讓我終身難忘的一句話：「媽媽說，如果不是因為生下我，她早就和爸爸離婚了。」

　　這句沉重鬱悶的話語，是揭開了我開始深究「情緒勒索」的第一步。少年長期被媽媽情緒勒索，相信日子一定不好過。他的媽媽呢？為什麼要說出這種令兒子痛苦的話語？她知道這已造成兒子一輩子的心理負擔嗎？

Why？情緒勒索獲利多？

　　情緒勒索的產生多半在親近的家人，或是情愛關係中的伴侶，或是利益交錯的客戶關係。

　　最常見的是親子關係中，嚎啕大哭的baby，發現只要用聲音、用踢打、用眼淚，就可以博得照顧者的憐愛關心，甚至還能得到徹夜的擁抱睡覺，或是咀嚼不盡的糖果餅乾，和買個不停的玩具，長大後，包括了玩個不停的電腦遊戲、全新的名牌衣物、鞋子等。

　　通常，情緒勒索是人際關係裡無意中發現的好處，人們習慣向周遭弱勢的人去取得有利的資源。這種習性的產生，是彼此不知不覺中，形成了有人予取予求，有人被剝奪而退讓。

　　也有的是從眼前情緒勒索的人學到經驗，跟著食髓知味，於是步上了沆瀣一氣的模式。例如，有位青少年從小看到爸爸很容易地向奶奶伸手要到錢，於是這位青少年步上爸爸的後塵，也開

始了情緒勒索，要他的奶奶給錢，否則他不想上學、不寫功課、不吃她煮的飯菜。

「情緒勒索」其實還有許多面向，如果細分起來，可以分成三種類型。

一、他罰型：

有這種習性的人常以批判、權威、無理取鬧的方式怪罪別人，他們最常講的話是：「這都是你的錯。」這使得旁人百口莫辯，或氣得跺腳。

二、自罰型：

有這種習性的人常以退縮、懦弱，加上責備自己的方式來說：「這一切是我的錯」，這樣的說詞往往使得旁人心存內疚，不知如何是好。

三、無罰型：

有這種習性的人常壓抑了心中的委屈或怒氣，然後息事寧人地說：「大家都沒有錯，沒事！沒事！」這使得旁人尷尬，因為從當事人的臉色、表情、動作，早已看出不悅，卻不知道接下來是要道歉、要解釋，還是什麼都別說。

在家庭、職場上，我們個人若要能不對旁人情緒勒索，也不讓旁人對我們情緒勒索，這時除了覺察自己或對方正在進行情緒

勒索的軌跡，也要適時讓自己或請對方 STOP 這個模式。

　　這時，唯有「STOP 制止型」的人可以克服這種人際相處中的情緒包袱，讓自己置身清楚、理解，和尊重的關係裡。

　　如下，讓我們一一釐清，同時學習做個 EQ 高手，以便能夠在微妙的互動中，拿捏出正確的情緒模式。

他罰型的人
常怪罪他人

他罰型的情緒勒索最常出現控制、指責、大發雷霆的行為表現，讓別人不好受。

曾經有位女性學員玉卿，當下午進課室時，整個情緒快要崩潰，她不清楚為何早上明明好端端地進公司，下午卻不開心。

這中間到底發生了什麼事？

經過仔細確認進公司後的行程，玉卿警覺——原來十點多，業務經理接了一通電話，結果在辦公室大聲小聲地和客戶吵起來，那些語詞多半屬於破壞性的表達，例如：「你開什麼玩笑，我們公司怎麼可能賠償你」、「你自己犯的錯，為什麼我要替你承擔」、「你這個人很過份，簡直是有理說不通」。

爸爸也是他罰型的人

類似這樣的語詞，再加上口氣很兇，整個辦公室的部屬都受到影響，有的到茶水間喝水；有的藉故拜訪客戶，提早出門；有

的拿起手機到玻璃門外通電話；而玉卿，她手上的案子正在處理，無法說走就走，因此，一直聽著業務經理破口大罵。

「他罵別人，又不是罵我，可是我的情緒已經大受影響，我不明白啊！」玉卿想找出箇中原因。

「請問從小到大，妳認識的人有誰是『他罰型』的人？」

「哦！」玉卿恍然大悟地說：「我的爸爸啦，爸爸常三更半夜和媽媽吵架，那種責備怪罪的語詞和口氣和我們經理很像。小時候，我只能躲著哭，長大後，我為了逃離爸爸，早早就嫁得遠一點。」

原來，玉卿在早上經歷了經理「他罰型」的對待客戶，她的情緒被引爆而不自知。如今，明白了來龍去脈，玉卿決定下課後去上個健身房，讓自己免受池魚之殃。

玉卿還說了一句很妙的話，讓我回味許久，她說：「喜歡怪罪別人的人，通常是不喜歡自己的人，所以，也不懂得善體人意，尊重別人的感受。」

媽媽是受氣包？

「他罰型」的情緒勒索不只是發生在大人身上，有的小孩看慣長輩欺侮弱小，於是有樣學樣，連自己的媽媽一起欺侮。

小傑生長在三代同堂的大家庭，由於爺爺經商成功，奶奶又

掌管全家的經濟大權，因此，媽媽進到這樣的家庭，等於沒什麼地位。

備受長輩寵愛的小傑往往對自己的媽媽說：「妳不讓我吃糖果，妳好壞，我要去跟奶奶說。」「妳不幫我洗澡，妳是壞媽媽。」

有時候，小傑的作業沒有寫好，回到家還會把書包一丟，怪罪媽媽地說：「都是妳，都是妳，沒有把我的作業檢查好，是妳害我的。」

小傑的媽媽來請教問題時，她是垂淚低泣。我實在看不下去，因此問她：「妳的老公有沒有一起負起管教的責任？」

她搖搖頭，低聲地說：「我老公長年派駐大陸，我根本管不動兒子了。」

「妳不能再這樣軟下去了。」我分析讓她明白——小傑學到爺爺奶奶盛氣凌人的模式，講話語帶威脅，還不尊重自己的媽媽，這樣長久下去怎麼得了？

「老公曾經要我帶小傑和他一起住到上海，他治得了小傑，對我也很好，所以……」小傑的媽媽這麼一說，我贊成她往這個方向走。

我還建議小傑的媽媽：「妳要硬起來，和老公合作，讓兒子改掉仗勢欺人的壞習慣。」

唉——童年只有一回，再不調整改善，更待何時啊？

你是他罰型的人嗎？

越常說如下十個語句的人，可說是越接近「他罰型」情緒勒索者。

Y □ N □　01、要我跟你說幾遍，你怎麼總是聽不懂。

Y □ N □　02、這都是你害的。

Y □ N □　03、算我倒楣，才認識你這個人。

Y □ N □　04、你很笨，連這個都做不好。

Y □ N □　05、要不是你，我們這個 team 早就過關了。

Y □ N □　06、你說說看，這件事搞砸了，不怪你，要怪誰呀？

Y □ N □　07、你們給我聽好，這個月業績沒搞定，那就回去
　　　　　　　吃自己。

Y □ N □　08、千錯萬錯都是你的錯！

Y □ N □　09、你怎麼老是遲到，你以為你是老大啊？

Y □ N □　10、你是人類嗎？我看你是人渣吧！怎麼做出這麼
　　　　　　　蠢的事？

自罰型的人
令人內疚不已

自罰型的情緒勒索，往往讓人避之唯恐不及，但是，當事人並不見得清楚自己的負面威力如此之大。

曾經在馬來西亞書展演說時，一位約二十八歲的 OL 提及——如果下班到家，向媽媽提及和同事有約，要去聽演講或是慶生聚餐，媽媽總是不開心地說：「回來就回來，為什麼還要出去，多累啊！好啦！好啦！每次勸妳都不肯聽，等妳回來看不看得到我，就很難說了。」

這位 OL 掉著眼淚說：「媽媽這麼一說，嚇得我不敢出門，趕緊和同事取消了約，然後和媽媽在家，兩人大眼瞪小眼，也不知道要說些什麼，心情不是很好受；可是，如果狠下心，就是匆匆赴約，卻又掛心媽媽的感覺，心裡充滿內疚。」

內疚何時了？

這就是擅長運用「自罰型」（自我責備、怪罪自己）的方式

把孩子留在身邊的父母，我發現華人父母（媽媽尤其多），喜歡用話語或裝作身體不適，硬是把孩子留在身邊，這種負面的依附關係，往往讓雙方互相牽絆，又彼此怨懟。

也有男女情愛關係中的「無罰型」情緒勒索。俊生來 FB 私訊時，他問及：「我老婆要我多陪她，又怪我收入不夠多。」

原來老婆常對預備出門拜訪客戶的俊生說：「你有需要這麼忙嗎？反正我就是不夠能幹，拖累了你。」或者說：「當初嫁給你就是錯的，害你要背負這麼多責任。」

當俊生安慰老婆：「可別這麼說，我愛妳，我樂意承擔，寶寶快出生了，妳在家別想那麼多。」

老婆又說：「都是我不好，經期沒算準，一切計劃都亂了。」

有完沒完的如此說詞，讓俊生進退兩難，不知道如何和老婆溝通。

自罰型的人自己也不好過

自罰型的人通常講一些攻擊自己的話，那是因為內在缺乏自信，也不相信自己值得享受幸福快樂的日子，因此習慣以洩氣的語詞，說自己的壞話，然後來「綁架」別人的感覺。

辦公室裡，有時候你會聽到同事說：「都是我不好，讓團隊的業績沒做起來，很抱歉！」乍聽之下，我們往往快速地安慰他：

「啊呀！快別這麼說，這可不是你的錯，繼續努力就好。」

結果，支持、鼓勵、引導都進行了，可是還差那麼一點點自我激發、勇往直前，下個月的業績還是沒有起色，只聽到這位同事又說：「我就跟你說過，我是扶不起的阿斗，我真的對不起大家。」

好吧！自罰型的人一再地用譴責自己的方式來請求原諒，或是以此為藉口，讓自己後退有路，旁人聽多了之後，就會看懂其中的伎倆，不再給予同情或支持。

所以，自罰型的人，當你發現主管不再噓寒問暖，同事不再聆聽心事，愛人不再耐心陪伴，甚至家人常對你說：「你又來了。」那麼，要儘速制止個人自罰型的情緒勒索，這種語詞、這種方式已經在人際關係中行不通了。回頭是岸吧！

 ## 你是自罰型的人嗎？

如下十題，答 YES 越多者，代表越接近「自罰型」情緒勒索者了。

Y □ N □	01、是我沒做好，不關你的事。
Y □ N □	02、都是我害你們被老板罵，我對不起你們。
Y □ N □	03、是我先講錯話，我該賞自己耳光。

Y□ N□　04、我實在不該跟他說，害大家吵起來了。

Y□ N□　05、反正我不值得你們關心，這件事就到此為止吧！

Y□ N□　06、我從小吃盡苦頭，是我命不好，我沒有福氣和你在一起。

Y□ N□　07、我罪該萬死，上筆錢沒還，現在又來借，你當然有權利不理我。

Y□ N□　08、我的條件不好，根本不值得你的愛。

Y□ N□　09、你要離開，沒有人攔得了你。今後我的死活，你是沒有責任要扛的。

Y□ N□　10、我要提出辭呈，因為都是我的緣故，讓公司的流動率變多了。

無罰型的人
挺折磨人

「無罰型」的人,在「情緒勒索」的領域裡算是比較不具明顯的殺傷力,但是後座力很強,因為他們不會立刻讓當事人感到有什麼不妥,然而,相處時的壓力開始要出現了。

大家最常見到好友之間相約,海派的人見到遲到的當事人總是說:「來了就好,沒關係。」但事後,海派的人會向另外的朋友抱怨:「這個人總是遲到,隨時都有理由。」

等到這種不滿的言詞傳到當事人耳中,那種被羞辱、被貶抑的感覺很不好受,因為,當面直說吧!大家關係挺好,是可以open talk 的兄弟情,姊妹淘,何不一次搞定,非得要背後來「細說從前」嗎?

自我壓抑深的無罰型

無罰型的人通常自我壓抑很深,可能從小經歷了家族人員沈默的互動,不擅長把喜怒哀懼自然的呈現;抑或是把真正的情緒

武裝防衛起來，進到淡然、冷漠的反應，因此，在同事、朋友之間不見真正的感覺，也讓旁人疏忽了第一時間去探究心意如何。

一人默默承擔，對嗎？

手足之間，為了誰來照顧年老體弱的父母，常起爭執；有的因為工作忙碌、分身乏術，因此用「給錢」方式自認盡責了；有的認定家中大嫂沒在上班，最適合照顧，傳統慣了的大嫂還真的花盡心力照顧公婆，好讓叔伯妯娌安心去工作；可是午夜夢迴，身心俱疲之際，又有誰能理解她的犧牲奉獻？

大嫂娘家的姊妹們有時群起而攻之，認為如此任勞任怨，一切不值，但是身為大嫂的她，總是說：「還好啦」、「日子還是要過下去」。

這種「無罰型」的表現就是不責怪別人，也不責備自己，一切默默承受，讓人打抱不平，偏偏他們自認命該如此，沒有什麼好抱怨。

無罰型的人做得太周全，做得太神聖，有時不免引起周遭人歉意，感到似乎疏忽了什麼，或應該補償些什麼？

成全對方，忘了自己

注意，還有一種「無罰型」的表現，他絕對沒有做錯什麼，但也沒有完全做對什麼。由於長年的情緒壓抑，當所愛的人尋求離去時，他站在一種超然的立場，理解的姿態，就是感謝和祝福。

這種完全看不出任何不捨和憤怒的對待，使得轉身而去的愛人心安理得，也在重獲關係的自由時輕盈自在。

直到多年後，從友人處得知當年瀟灑放手的他，原來終身未娶，日子過得並不開心。而輕快離去的她乍然聽聞，不禁潸然淚下並且自問：「他這樣成全我，我是該感謝他，還是罵他笨蛋？有什麼感覺，憑我們曾經相愛多年是可以講出來的啊！」

這為「無罰型」的人平日不顯露真感情，我們可以感覺到他們為人正直、誠實、客氣、有禮貌、絕不口出惡言，但有某種無形中的「距離」，讓我們明白──他其實沒有我們想像得容易靠近。

他不是故意的

還有一種「無罰型」的人，問他意見，徵求協助，他們的回答總是簡略而不明確。

有位老婆提到不知如何和老公相處，因為無論說什麼，老公的回應總是：「嗯！」

「嗯」這個字眼，究竟代表了什麼意思呢？

是贊成？是接受？還是只是「我聽到了」。

類似這種「嗯」、「哦」、「沒關係」、「還好」等不確定性的字詞是「無罰型」情緒勒索者的常用字詞。

有一回，這位老婆安排了慶祝結婚二十週年的海外旅遊，當興致沖沖在規劃時，一邊望著電視機裡炮火連連的談話性節目，一邊漫不經心的老公回答：「嗯！」

等到規劃成熟，行程已定，請老公刷卡簽保險同意書時，老公竟然說：「要去，妳自己去吧！」

「你不是答應要去的嗎？」老婆急得快跺腳了。

只見老公不動怒，也不著急。他慢調斯理地說：「我只說了『嗯』，我並沒有說『好』啊！」

這就是「無罰型」者的高招，看似為人溫和、不起爭執，但是那種被他「整」（情緒勒索）的感覺，還是挺折磨人的。

弄到最後，這位女性學員告訴我：「整件事反而好像是我做錯了事。」

「無罰型」者不若「他罰型」、「自罰型」這些人的情緒外露，但是身邊的親朋好友相處久了，往往感受得到很深、很深的被情緒勒索，有著挫折感、無力感、莫名其妙感等。

「無罰型」的人因為家庭教養好，或是個人修為深，因此不願為難他人，但在深層潛意識裡頭多少仍有著微慍的怒火，有著

不平之鳴，只是徵兆不明顯，一切壓得不著痕跡罷了。

你是「無罰型」的人嗎？

YES 越多者，越接近「無罰型」情緒勒索者。

Y□ N□	01、你常作輕鬆狀，對旁人說：「沒事！沒事！」其實你心裡明白得很——是有事的。
Y□ N□	02、你習慣表情淡漠，以隱藏內心的波濤起伏。
Y□ N□	03、對你咄咄逼人的人，你心想：「不說也罷。」
Y□ N□	04、主管問起某位同事的言行舉止，你微弱出聲地說：「這種事去問別人吧！」
Y□ N□	05、部屬犯了錯，你不忍苛責，還安慰他：「唉，人難免有錯。」但其實你內心是挺不高興的。
Y□ N□	06、孩子花錢無度，你總是代為償債，又說：「我不是開銀行的。」
Y□ N□	07、朋友只要愁眉不展地來借錢，你總是多少拿出一點錢給他。並且說：「下不為例！」
Y□ N□	08、家人關心地問：「好不好啊？」你不高興地回答：「你看我不是挺好的嗎？」
Y□ N□	09、客戶來要求降價，你口口聲聲說：「這樣大家會一起餓死啊！」
Y□ N□	10、老媽要你去勸老爸戒煙，你回答：「我說得動他嗎？」

解救方針 04　勇敢地 對情緒勒索說 NO

綜觀以上各種情緒勒索的相處模式，各位應當有些感觸，如果發現自己有類似行為，當然要學習自我覺察、自我克制，停止用語言、眼神、低頭、轉身離去等方式和別人相處，而是好好講出自己的真實感受（Feel），說出自己真正的需要（Need），讓對方知道如何和我們正確相處。

你可以這樣做！

萬一，我們的周遭充斥了各式各樣情緒勒索者，那麼，我們也要練習運用「STOP 制止型」的方式來互動。

一、當「他罰型」發生時：

例如，當孩子用「他罰型」來責怪你，他說：「同學們家裡都不管他們的手機玩多久，你為什麼管這麼多？」這時你千萬──

不要回答：「你玩得有完沒完，還敢頂嘴？」（他罰型）

不要回答：「都是我不好，從小沒好好約束你。」（自罰型）

不要回答：「我們再看看吧！」（無罰型）

這時，身為父母的你是有責任把遊戲規則講清楚，也 STOP 兒女的情緒勒索，建議你說：「對，一天上網兩個小時，這是我們的家規。」

二、當「自罰型」發生時：

例如，當長輩用「自罰型」來讓我們難受，他說：「當初我沒阻止妳嫁給他，如今，妳過得不幸福，都是媽媽的錯。」

這時，我們千萬——

不要回答：「對，都是你害的，一直說他們家有錢有勢，將來不愁吃穿，如今……」（他罰型）。

不要回答：「媽，我命苦呀！都生了兩個孩子了，他還在外頭金屋藏嬌。」（自罰型）

不要回答：「沒事，沒事，再說吧！」（無罰型）

這時，身為人家兒女，你是有責任扛起自己的人生，不管當年爸爸媽媽出了什麼主意，點頭答應婚約時，畢竟自己也是成年人的年齡，要好好面對一切的後果。

你需要對正在情緒勒索你的爸爸媽媽採取「STOP 制止型」說法，建議你說：「**爸媽，我已長大成人，我的婚姻我自己有責**

任處理好，您們只要給我精神支持就好，謝謝！」

三、當「無罰型」時發生時：

例如，當同事用「無罰型」無關痛癢地淡然回應，其實我們也要看懂他們的情緒勒索的軌跡，好好地帶動他們共同成長。他們通常說：「你不用擔心，我 OK 的。」

這時，我們千萬——

不要回答：「你每次都說 OK，結果呢？客戶一直抱怨你不是漏帶資料，就是算錯錢。」（他罰型）

不要回答：「唉，我沒把你教好，太快讓你上場，這筆賬其實是應該算在我的頭上。」（自罰型）

不要回答：「好，你說你 OK，那你就 OK 的。」（無罰型）

「無罰型」的人通常害怕衝突，也不想增加別人的心理負擔，殊不知這反而造成工作流程的耽怠，或是造成客戶的滿意度下降。

身為主管或是同事的我們，絕對有責任，有必要把「無罰型」同事帶回正軌，建議你說：「我當然不擔心你這個人，你一向工作認真負責，只是這個案子事關公司的名譽和形象，要請你具體說明——客戶究竟需要我們怎麼配合？」

讓同事快速進到現實面，這樣可以縮短他獨個兒自我摸索的時間，也讓工作團隊儘快共同解決客戶的需求。

原來如此的人生

人與人的相處很有趣，也很微妙，我回首前塵，確實曾經不知不覺中也運用了「他罰型」、「自罰型」和「無罰型」和旁人互動。

在那樣情緒勒索的互動中，我曾經勃然大怒、或黯自神傷、或默默流淚，或若無其事……其實這些都是不恰當的情緒模式。

如今，我和各位一樣，在學習成長的過程裡，讓自己的「感覺」有一個充足的空間，也尊重別人的「感覺」；同時，把個人的「需要」講得更具體、更心平氣和，這樣，對方也就理解我、體諒我，或願意等待我的成長。

我發現「STOP 制止型」來處理情緒勒索的任何一型，都讓自己身心更健全、更舒服，各位不妨一試！祝福大家！

第五部

超實用急救帖，
提升你的情緒自癒力

透過十種情緒管理的秘訣，
我們將可學會如何改變價值觀、改變情緒，
接著改變了命運。

情緒急救帖 **01** 積極轉念法

通常在我們工作上有挫折感時，或人際關係緊張時，或對人生感到失望時，負面情緒於焉產生。然而真的是老闆不公平、老師偏心，或父母不關心嗎？到底是誰造成我們不快樂的原因呢？

先分享一個故事，讓大家做參考：

曾經有一位一百多歲的老人家，每天都很快樂。有人好奇地問他：「為什麼你每天都這麼快樂呢？」

這位老人家笑呵呵地回答：「因為我每天早上起床都有兩個選擇，一個是選擇快樂，一個是選擇不快樂，而我每天都是選擇快樂，所以我每天就很快樂。」

對了，原來我們有「自主選擇權」可以決定自己的情緒走向，而且有福氣做一個「情緒自由」的主人。原來，過去以來，讓我們陷入氣惱、悔恨、嫉妒、退縮、不安等負面情緒的關鍵人物，就是我們自己。

所以責無旁貸，讓我們跳出「受害者」的情緒陷阱吧！讓我們學習做一個「責任者」，開始學習情緒管理，好讓自己的人生海闊天空。

「解讀」與「貼標籤」

美國「認知行為學派」的心理學家指出：一個人對人、事、物如果有錯誤的認知，比如以偏概全，或誇大嚴重性，有可能造成情緒困擾。所以，如果一個人從「認知」去覺察和改善，接著在「行為」上做調整，那麼，被負面情緒影響的程度就降低了。

舉例說明，當我們被別人「說」的時候，通常會有些「反應」。這時候，我們要進入「解讀」的管道。如果從我們的「認知」來「解讀」對方的說法（包括語詞、態度、口氣），我們解釋為那是「批判、責難」，那麼，我們已經為對方貼上標籤，認定「對方是一個對我不友善、處處找我麻煩的人」。

如果從我們「認知」裡，有更「彈性」和「冷靜」的解讀方法，我們可以解釋為：「他是好意，只是說話的語氣讓人受不了。針對他的建議，我願意接受並改進，至於他的語氣和態度，等找對機會，我再好好跟他溝通。」或是「對方可能碰到壓力了，才會這樣說話，我願意給他一個機會，讓他冷靜下來。」

這時候，一轉念之間，「認知」的領域擴大，就不會在別人身上貼標籤了。

有彈性的「認知」，絕不是鴕鳥式的阿Q或討好現象，而是給自己在情緒管理上一個「自主選擇權」。因為我們在「解讀」對方的言語舉止時，選擇了有助於自己調整的方向了。

情境演練法

在前一篇〈積極轉念法〉中，我們提到了「認知」系統對一個人情緒的影響力。那麼，「認知」是從哪裡來的呢？

「認知」來自我們腦海中無數個價值觀，這些價值觀正在影響我們被人、事、物影響時的反應。有的人的價值觀是開通的、正面的，例如：「有人做了對不起我的事，我一定可以克服這個困境」、「如果我一時跳不出困境，一定還可以找到其他的出路」；有的人的價值觀是狹隘的、負面的，例如：「背叛我的人絕不得好死」、「命運讓我如此，也就認了吧」。

價值觀從何處得來

價值觀往往來自我們的父母、師長、朋友……就看我們從小和誰比較接近，或比較相信誰的說法，不知不覺中也就習得了他們的情緒反應和處事態度。

這些價值觀還因為社會背景、風俗民情、時代演變而逐漸轉化中。然而，有些負面的價值觀，經過了幾世代的傳承，如果不

是深入覺察和取捨，往往還繼續受到影響，甚至是被控制呢！

例如，有時我們誇獎對方，沒想到對方卻害怕地謝絕：「沒什麼啦，不要把我說得太好。」

這裡有個可能根深的價值觀：「話說得太滿，容易遭天嫉，馬上會有報應。」這種似是而非的價值觀，讓我們在「面面回應」和「自我接納」的路途上又延緩了一步。

 ## 建立情緒免疫力

為了在「情緒管理」上增強免疫力，以下列出三種「情境演練法」，讓我們從「價值觀」的覺察著手，同時學習如何選擇正面的、積極的情緒反應。

一、紙上作業法：

1. 寫下此刻腦海中浮現的念頭。

2. 評估哪些是屬於負面價值觀？哪些是屬於正面價值觀？

3. 重寫那些負面價值觀，修改成為正面的價值觀。例如：「我很害怕他不理我了。」修改為：「和我做朋友，是他的福氣。」

二、角色扮演法：

在成長團體中，接受輔導者引領，自己加入角色扮演。在互動過程中，透過言語、行動，可以覺察自己的哪些價值觀讓對方

有壓力。這個「對方」可能扮演我們的父母子女，或同事朋友，
甚至是扮演我們自己。這樣，當我們回到現實生活中，就會更加
警覺，不讓負面的價值觀影響了雙方的關係。

三、他人示範法：

參加專業的成長課程，親身觀摩正確的示範，或是多結交積
極思考的朋友，觀察他們的情緒反應，和學習他們在待人處世時
所選用的價值觀。

總之，為了修練人生 EQ 學分，Just do it ！

創造回饋法

前面兩篇我們提到了「一個人的認知（想法）會影響情緒走向」的說法，所以，一個人首先要「改變想法」，才有可能「改變情緒」。

誰都希望改正腦袋裡的每一個想法、念頭，讓自己隨時都充滿樂觀、喜悅的情緒。然而，有時候就是這樣「卡」在死角，找不到出口，這該怎麼辦？

尼爾幫助了我

我在美國念研究所時，有一天，課業的壓力逐漸讓我的情緒不好受了，我儘快跳開了書桌，跑到學校餐廳去。果然，在見到同學，大家一邊說說笑笑，一邊吃午餐後，心情略為好轉。就在這時候，我發現背後一直坐著一個美國大男孩。我以為他在等人，於是隨口向他說了聲：「哈囉。」並且問他吃過午餐沒有？

沒想到他靦腆的搖搖頭。這時候我瞧見了擺在他身旁的兩支拐杖，於是我又說：「要不要我幫忙？」

他很快地點點頭。

於是我們倆一同慢慢走向餐盤處，由我代他拿餐具並點菜，然後坐到餐桌前一起吃午餐。

在我幫助這個叫尼爾的美國大男生的過程中，雖然前後不到十分鐘，卻奇蹟式的完全轉變了我的內在情緒。尼爾可能沒想到，他是行動上需要人支持，而在那一刻，我是心理上需要人支持。

踩著雪徑，充滿興致，準備繼續回到書桌前的我，一時明瞭了一件事：「當我們被一個人，或一件事『否定』時，自我價值感會下降，情緒也轉壞。如果能儘快找到提升自我價值感的機會，情緒也將跟著回暖了。」

記得有個學員就提及：每次她心情不好，她會儘快打一通電話給需要被關心的朋友，或走出家門，去創造有人對她說「謝謝」的機會。像這樣，人在極短的時間內，從「治標」的方向，同樣可以找到情緒管理的秘訣。

善心天使──曾小珍

曾小珍也是這樣一個在「創造回饋」的女孩。當我見到她標緻、秀麗的臉龐時，絕沒想到她曾經是在生死邊緣掙扎過的女孩。二十五歲以前的她，是朋友眼中的開心果，是公司頂尖的銷售員；然而一場感情挫折，讓她吞下了三十幾粒安眠藥和兩瓶鹽酸。

　　在家人和醫生極力的搶救下，她活下來了，接下來是面對無數的手術和突發狀況。當我見到她時，她爽朗而堅定地說：「回想起來，現在過的日子比二十五歲以前更有意義。」

　　儘管她現在不能像以前一樣，好好唱出美妙的歌聲，無法好好享受一頓美味餐點，還必須經歷一些手術重整的痛楚；然而，在家人愛心和宗教力量的支持下，她走出了陰影。她在醫院的病床間走動，問候其他的病患、聽他們說話、關心他們的需要。

　　像這樣一個當初連醫生都沒把握能否救活的人，如今卻像一個「善心天使」，陪伴一些病患好友走到人生的盡頭，儘量去幫助對生命感到無助無望的人。

　　「為了照顧這些朋友，不知不覺中，我竟然增加了三公斤。」小珍開心地和我分享。其實，她何止是「豐富」了身體的重量，在她不停以愛心助人的過程中，創造了自我價值感，也讓情緒領域有更「豐富」的互動和成長。

雙贏策略法

當我們碰到語帶挑釁，有點無理取鬧的人，通常我們可以有三種選擇，一是面對他，同時怒責回去；二是逃開，然後若無其事，或是懷恨在心；三是站在原地，然後很有技巧的解除對方的武裝。

請問，你習慣使用哪一種方式？

還有，你渴望使用哪一種方式？

反詰問法

在「情緒管理的秘訣」裡，有一種「雙贏策略法」，也就是維持雙方的自我價值感，再找出雙方同意的、合理的共同觀點。

美國有位心理諮詢專家大衛波恩，他在著作《感覺很好》書中提到，當他在演講會場碰到有人提問題向他挑戰時，他會運用「反詰問法」來處理。

所以，各位如果碰到家人、學生、部屬或客戶質問你，你的情緒快要被惹起來的時候，來，試試這一招！

　　根據大衛波恩的分析，這種挑釁者表現出三種特質：

一、他們有意批評，但不是「就事論事」。

二、他們的人緣、風評不佳。

三、他們有時是滔滔不絕的罵個不停。

　　就在這當下，「反詰問法」的運作過程如下：

一、馬上「感謝」對方的言詞。

二、「承認」他所提到的事是很重要的。

三、「強調」除了他所說的，另外還有些其他重要的觀點。

四、邀請挑釁者「分享」最後的感受。

　　大衛波恩說，他運用「反詰問法」，屢試不爽，甚至挑釁者在會後向他致歉或感謝他的和善言詞。

　　這就是一種「雙贏策略法」，在整個過程中，沒有人被打敗，大家都是贏家。

　　談到這裡，大家可能和我有同樣的想法，我們何嘗不想心平氣和的和挑釁者相處，問題是我們如何第一步就做到感謝和同意對方呢？

三種選擇

　　大衛波恩說，一般而言，我們碰到有人侮辱或挑釁時，很快

會進入三種途徑：

一、**悲哀的途徑**：開始自責，並且覺得自己不夠好。

二、**憤怒的途徑**：責備對方，覺得都是對方的錯。

三、**高興的途徑**：有足夠的自我價值感，被批評時，先從「自我
　　審查」著手。比如自問：「這些批評是對的嗎？自己是否客
　　觀的行事？我真的把事情弄糟了嗎？」同時，認定自己是一
　　個不錯的人，不見得要事事完美。

　　以上三種途徑，你會選擇哪一種呢？

　　相信大家和我一樣會選擇第三種途徑，情緒既不受對方影
響，還透過「自我審查」過程，得到成長的機會。

　　所以，下次當有人來向你挑釁時，你會很高興的先「感謝」
他。同時，觀察自己如何善用情緒管理的秘訣之一──「雙贏策
略法」。

自律訓練法

其實你是一顆鑽石，不論已經雕刻完成，或是尚待琢磨，你要知道——自己是很不錯的。可是周遭有些人，或者故意來刺激你，或者好意卻造成壓力，使你這顆鑽石，看起來竟像是路邊的小石頭，一點兒也不起眼。

光是想到這樣，你的情緒就已經受到波動。加上對方若用言詞或行為來激惹你，這時候，負面情緒馬上就要爆發而出了。

負面情緒一出現，「生命的中心點」馬上要偏離軌道了。所謂的「生命中心點」，就是我們感覺到的生命重心，能由自己掌握，而不需要向外人索取尊敬、關愛、照顧或快樂等。我們的「生命中心點」，本身就有一套滋養系統，來照顧自己，這個部分除了靠平日在「想法」方面增強正確的價值觀之外，還要從「身體活動」來增強「情緒免疫力」。例如：

一、開心的運動

有些人的運動習慣是到運動場，或是一定找到友伴才能進行。然而做一個 EQ 高手，則要訓練自己隨時隨地都能做運動，

在「治標」上立刻改變自己的負面情緒。

我有過無數次的經驗，每回遇到挫折、困難或想不通的時候，如果在屋內，我立刻打開音響，隨著熱門音樂，從輕緩的肢體活動，逐漸做到熱烈的舞蹈，藉著伸手、彎腰、踢腿、轉身等各種動作，使這個身體的格局舒放出去。很奇妙，只要大約十分鐘，情緒的感覺就好很多了。

有時候如果賴在床上胡思亂想，然後很明顯快要痛苦憤怒或自憐自艾時，我一定勉強自己——「先聽音樂、跳舞再說」。

有時候在巡迴演講途中，不方便找到時間或地方運動，往往我就站在月臺上或候機室，開始做柔軟操。只要不侵犯別人的空間，又不是舉止怪異，沒有人能阻止我們保持運動，增強「情緒免疫力」的習慣。

有時候正在搭車、等人、或辦公室裡，各位也不妨按摩手指、耳朵、面頰、或聳聳肩，轉動腳踝。這些局部運動也可以把我們拉回「生命中心點」來。

二、單純的飲食

有關飲食養生的知識，相信各位很容易找得到，做個 EQ 高手，一定要注意到飲食習慣對情緒的影響。我個人堅持一個原則，隨著年齡漸長，改變攝食「蔬果」和「肉類」的比例。例如：二十歲左右，每天「蔬果」和「肉類」的比例是「二」比「一」，

三十歲左右是「三」比「一」，四十歲左右則是「四」比「一」，依此類推。素食者則不在此限。

三、呼吸施受法

　　每天學習烏龜的呼吸法，深深的吸氣，慢慢的吐氣，讓血液裡有充分的氧氣，讓血液循環規律而舒暢。碰到情緒波動時，儘可能閉上眼睛，想到讓你不舒服的對方，同時在吸氣時，想像將怒氣、悶氣吸人（這部分叫「受」），接著想像將福氣、喜氣、陽光之氣吐出，傳送給對方（這部分叫「施」）。這是佛教裡的的一種方法，可以幫助我們將污穢之氣「轉化」為喜悅感恩之氣。

　　另外，充分的睡眠和休息等，也都是透過自我，在平日養成一些「身體活動」的好習慣，再經過自我訓練、自我管理，而來補強「情緒免疫力」。

情緒鏈調整法

安東尼‧羅賓是一位美國的潛能激勵專家，透過演講或課程，他能夠在很短的時間內幫助人改變自己。

大部分人想改變什麼呢？

大部分人都想改變自己的情緒和行為，好讓自己遠離「痛苦」，走向「快樂」。

安東尼‧羅賓強調：人不是個無從捉摸的動物，他所做的每件事都必然有他的原因。而「痛苦與快樂」的取捨正是影響我們生活遭遇的推動力量。他更點出一項癥結──任何事都不會使我們痛苦，而真正讓我們痛苦的是「以為會痛苦」的念頭。

這種「誤解」的念頭，使我們常沉溺於某種行為或情緒，不知不覺中便形成了「情緒鏈」（或稱之為「神經鏈」）。

神奇的情緒鏈

根據安東尼‧羅賓著作《喚醒心中的巨人》（李成嶽譯，中國生產力出版，一一九頁）提到：「神經科學家對神經鏈的研究，

發現了人腦中的神經元始終不斷地在神經網路中來回傳送電化訊息，在一瞬之間，任何一個念頭或記憶，透過高速數十億個電流脈衝，就可傳送回去。」按照安東尼‧羅賓建議，想改變自己情緒和行為的人，可以學習把「舊行為」和「痛苦」連在一起，而把所希望的「新行為」和「快樂」連在一起，也就是透過「情緒鏈調整法」（或稱之為「神經鏈調正術」，英文簡稱 NAC），直接有效的改變不良的習慣，重新找到好習慣或好情緒。

「情緒鏈調整法」總共有六個步驟：

第一步，確定真正要的是什麼。

第二步，相信改變對自己有幫助。

第三步，停止所有舊的行為模式。

第四步，另找出新的、好的行為模式。

第五步，不斷調正新的行為，便成為習慣。

第六步，測試一下效果。

狗食減肥法

舉例說明：安東尼‧羅賓有位女性學員很想減肥，可是常因貪吃而違反諾言。後來她找來一位也想減肥的好友，兩人共同約定，日後誰如果貪吃，就必須吃下一整罐狗食。兩人也隨身攜帶一個空的狗食罐頭，當想大吃一頓的時候，立刻拿出狗食空罐頭

以示警惕。

這也就是前面所提及的六個步驟，讓自己找到適合個人的新模式，然後把過去不好的習慣改掉。

安東尼‧羅賓還曾經幫助一位嗜吃巧克力，而使健康亮起紅燈的男性學員。由於過去吃巧克力糖讓他感到「快樂」，因此，雖然心裡想戒，口中卻仍吃個不停。有一回在課程中，安東尼‧羅賓規定這位男性學員整天只能吃巧克力和喝水，其他食物都不可以碰。各位可以想像這位仁兄後來吃到「痛苦」的情形，很快就戒吃巧克力了。這就是改變了「吃巧克力」時的「情緒鏈」，讓它從「快樂」轉成「痛苦」，改變的決心就出現了。

當然，我們也可以改變「情緒鏈」，使它從「痛苦」到「快樂」。例如，情緒消沉了，或有壓力時，立刻找個方便的空間，讓自己馬上轉變身體的姿勢，或對自己說激勵的話，這時候可以很快扭轉情緒。我最常用的動作和語言是——握拳，向下用力一擺，然後提高聲調說：「YES」或「加油」。

冥想寬恕法

不知道為什麼，她總是沒有辦法全然的快樂。她在探索癥結時，發現原來是母親和她的關係太黏密了。從小，母親有各種病痛，由於怕失去母親，身為長女的她把母親照顧得無微不至；直到婚後，有了自己的家庭，母親仍然三天兩頭打電話來訴苦，使她左右為難，又內疚不已。

另外一位是家中的獨生子。從小父母怕他學壞，管得非常嚴格，以致成長後的他心中總有一股不平之氣。北上就業後，他終於減少和父母當面摩擦的機會。可是每回接到家中電話，不是責怪，就是擔心，又弄得他很憤怒。他明明知道父母是好意，可是一言不和，總是在電話中吵起來，等到掛了電話，心中又懊惱不已。

討愛的小孩子

這種「父母情結」，在不少人的成長路上曾經留下明顯的陰影。事實上，絕大多數的父母都是愛他們的子女，只是在言行的

表達上可能運用了不恰當的方式，以致讓子女有了受傷害的感覺。等到子女長大成人後，心裡的小女孩、小男孩常常帶著不平衡的心情出來「討愛」，結果又衍生了許多相處上的困擾。

情緒管理走到這個階段是需要從「治本」來著手。所謂「治本」，就是從「自我探索」、「自我調整」、「自我成長」階段，來到「寬恕」和「整合」階段，這時才有可能走到「心平氣和」的階段。

由於人生根本不可能「倒帶」，也沒有人喜歡童年階段有過不愉快的回憶。然而，今天既然已經碰到了，就需要透過一些方法來調整和管理。

把感覺「轉化」了

「冥想寬恕法」是透過專業輔導的技巧，引導一個人在柔和的音樂、安全的環境和支持的團體中，靜心地回到過去感到受傷害的情境，然後在講師的說詞引領下去改變當時的「感覺」。當一個人的感覺得到「轉化」的機會，一些負面情緒的糾結往往迎刃而解了。

一位男士，多年來一直怨怪父母從小沒有好好照顧他，以致他體弱多病。在透過冥想，回到童年時，他領悟到五歲時候曾經有一場重病，家人為了搶救他的生命而耗盡積蓄，後來，為了償

債，父母又忙碌地四處打零工來賺錢，以致讓他的童年孤單了。
回到童年的際遇，他已痛哭失聲，再進入父母的角色來看人生，
一剎那之間，他完全寬恕了父母，原來父母背負了那麼沈重的包
袱，過去的他何嘗了解過呢？

 ## 寬恕需要時間

　　釋放心中的怨氣、怒氣、確實需要一點時間，寬恕也需要一
點過程。有些人的心結，可能在年歲漸長、歷練豐富後，一念之
間，自己就跨越過去了；有的人可能經年累月，仍是困擾自己不
已。如果是這樣，不妨尋找專業講師或專業輔導機構，透過團體
共同成長方式或個人諮詢方式，找到釋放負面情緒的竅領。

　　透過「冥想寬恕法」，像前述第一個例子，他將可以釋放對
母親過度照顧的重擔──她已經做得夠好了，母親的健康應該由
母親自己來扛責任。在第二個例子中，這個獨生子在冥想中看到
了父母的脆弱和無助，於是慈悲憐憫之心油然而生，他承諾：「對
父母說話，會更有耐心！」

情緒急救帖 08　空椅子治療法

幾把空椅子可以改變人的情緒嗎？

不錯，透過「空椅子治療法」，可以讓人們學習活在「此時此刻」，減少被「過去已發生的事」和「未來可能發生的事」干擾。

「空椅子治療法」是「完形治療法」中的一種技法。而「完形治療法」是由德國心理學家佛來德瑞克·S·派茲等所開發成功的心理治療法。

運用「空椅子治療法」來管理情緒，有如下的功能：

一、解決衝突：

首先準備兩張或數張椅子（有時也可以坐墊替代），然後以每張椅子代表不同的角色來進行心靈對話。例如：A椅代表我們（家長），B椅代表孩子。當我們坐在A椅時，說：「你每天只會滑手機，功課都不好好念，這樣怎麼趕得上進度？」

接著，我們換坐到B椅，閉眼體會孩子可能的心聲：「我上了一天的課，回到家想休息一下，可以不可以不要一直嘮叨。」

然後坐回A椅，心裡可能跳出的話是：「你為什麼每次都要

給自己找藉口，難道你不想為自己的前途著想嗎？」

再坐回 B 椅：「媽，爸，我知道你們的意思，可是一直這樣說，給了我很大的壓力！」

像這樣互相對話的過程，繼續至少三十分鐘，由當事人的我們在不同的角色中穿梭。逐漸的，我們有了機會說出壓抑多時的苦悶，同時，還能學習「同理」另一方的感受。這樣，內在衝突的感覺才有機會取得諒解和協調。

二、面對現在：

「完形治療法」著重在如何專注於眼前的生活，所以運用空椅子對話的方式，不但可以處理親子衝突，其他包括夫妻關係、同事關係、和長輩的關係、男女朋友關係，甚至「理想我」和「現實我」之間的關係，也可以藉此找到儘快改善關係的契機。

其實，整個過程也是讓當事人有機會把內心曾經分裂的「碎片」，再度「整合」回來。

三、不再壓抑：

有時候也可以在諮詢室或成長團體現場，只擺著一把空椅子。這把空椅子代表可恨的對方，於是我們想像出對方的影像，並模擬空椅子就是對方，同時讓我們在「自己」和「對方」不同角色下對罵。在講師引導下，甚至可以拿枕頭或椅墊去捶打代表對方的空椅子。如此一來，罵完了，打完了，氣也消了一大半，

回到現實生活，比較容易原諒對方，並且勇於表達心中的感受。

四、好好說「再見」

有些人因為當時年輕，或者因為時空相隔，無法立刻返鄉送別，以致錯過親友過世前的道別。在「空椅子治療法」的過程中，一樣可以向「對方」說出心中的思念、追悔或感謝，讓自己和對方的關係有個完整的結束，而不再帶著遺憾過人生。

情緒急救帖 09　團體諮詢法

　　一位男士，約三十五歲，當引導他說出心中對父母的感覺時，他的話卡在喉嚨硬是擠不出來。

　　「試試看！那是什麼感受呢？」在心理諮詢專業講師的關注引領下，壓抑多年的他，仍在掙扎矛盾邊緣。

　　嘴巴是想說出真實的感受，可是心裡有著其他的聲音：「不可以批評爸媽，他們對我從小管教嚴厲，也是為我好，是我自己不夠好，我怎麼能怪他們呢？」

他終於說出口了

　　「對，你很愛父母，你不忍心苛責他們，我可以了解。但是，你心裡的真實感受呢？我們總要給自己一個機會來面對自己。」

　　靜默中的他，聆聽著講師的話語，嘴脣時而抿緊，時而微張，同一個成長團體的其他學員們也是關注而耐心等候。

　　「來，跟我說，我——」

　　「我——」他終於開口。

「很——」

「很——」

「生氣！」

「生氣！」

「我很生氣！」這次講師的語句是完整而且提高聲調了。

「我很生氣！」他緊跟而來，開始可以聽出他聲調中的怒氣。

接下來，根本不需要講師提詞，他站起身子，離開坐椅，然後大聲地，一句一句地喊出了積鬱多年的壓抑。

約莫十多分鐘，他癱坐在椅子上喘氣，稍事休息後，講師又引領他做內在情緒的探索。

「你很生氣是因為……」

接下來，平靜許多的他，在數次「因為」提詞的前導下，終於吐露了心中感受。

借鏡使力的好處

參加心理探索的成長團體，也是「情緒管理」的秘訣之一。因為在成長互動、共同分享和專業引導的機會下，成員將發現三個好處。

一、釋放焦慮：

　　原來自己的問題也是別人的問題，原來自己並不是唯一的受難者。有了這種體認，問題的嚴重性已逐漸減輕。

二、找到借鏡的竅門：

　　來自不同背景的成員，在分享不同的人生經歷時，其中蘊藏了許多的寶貴經驗和智慧，足資在場其他人員作為借鏡。

三、學習轉化的技巧：

　　我們無法改變出生背景，無法改變曾經發生的一些人生經歷，可是我們卻可以透過各種成長的方式來改變自己的「價值觀」。當價值觀更有彈性，情緒不容受波動時，自己的運途也就逐步豁然開朗。而參加心理諮詢團體的共同成長方式，正是讓自己價值觀得到快速「轉化」的機會。

找到了盲點

　　我多年帶領成長團體以來，經歷了許多學員痛哭失聲，互相擁抱鼓舞，破涕為笑，或是眼睛為之一亮的奇妙經驗，最重要的關鍵是當生命在互相關懷的機會裡，每一個人「敞開」自己的速度變得很快，同時「映照」自己「盲點」的機率大為提高，緊跟著自求調整和管理的動力也就出來了。

情緒急救帖 **10** 收場溝通法

　　管理情緒的方法有許多種，我個人最常運用的是「一吸二離三好玩，第四回來再溝通」。所謂的「一吸」就是在心情不舒服的第一刻裡，透過自我覺察，立刻做「深呼吸」。很奇妙的是，只要幾個深呼吸下來，一個人內在的氣息得到調勻，脈搏的跳動將會降緩，心裡不舒服的感覺也跟著轉換。

　　其次，「二離」就是第二步驟做到暫離現場。有些事不必急在這一刻去解決，在劍拔弩張的對峙裡，多半是兩敗俱傷，還不如有一方先冷靜下來，向對方說：「我們十分鐘後（或明天）再談好嗎？」讓雙方在不同的空間裡自我調整一番再說。

　　「三好玩」是第三步驟。我們暫離現場後，立刻找到另一件有趣的活動，例如聽一首輕快的音樂，看一、兩則幽默的笑話，吃個可口的小點心，或讓身體舞動一下。總之，不要讓自己在原先鬱悶的情緒裡繼續往下陷。

　　「第四回來再溝通」是第四步驟。也就是另外找對時間，找對空間，找對人，再重新講對的話來溝通，這個也叫做「收場」。

　　我和先生一同去添購家具。當時我問老闆：「可不可以用信

用卡？」沒想到話一出口，先生用手「揮拍」了我的胳臂。我自覺沒面子，整個情緒被激惱起來。（事後，先生說他只是輕拍，暗示我不要多問，我卻有不同的感受，認為他想管制我。）

後來，走出那家家具店，我們打算去看電影。在路上，我一時按捺不住，說：「如果有什麼建議，你可以好好跟我說……」

才說到這裡，我的先生馬上回擊：「你這個人……」

兩個人就互相攻擊起來。快到電影院前，我決定要把當下的情緒重新管理一番。因此，當先生提及去喝咖啡時，我說：「我要去吃一客冰淇淋。」說真的，在這樣緊張的局面裡，我實在需要好好深呼吸，好好找個另外的空間來抒放情緒。

果真，在吃那一客冰淇淋時，我用吸的、咬的、吮的、含的各種不同的方式，非常專注地吃，越吃越覺得有趣、好吃。只在十分鐘左右，當冰淇淋吃完時，我肚子裡的氣已經消了一大半。

然而，溝通的問題還是要解決呀！那怎麼做「收場」的溝通呢？當天晚上的氣氛還不是頂合適，我耐心地等到第二天，也就是週日的晚上，我看見丈夫輕鬆愉悅的斜躺床邊。於是我靠向前，和顏悅色地說：「有一件事很想和你重新溝通……」

這時因為換了時間、空間，兩個人的感覺也已經改變。首先，我先做到耐心聆聽他的說法，接著也把「請他明白我」的需要說出來。最後我聽到丈夫說：「對啦！我們夫妻倆要好好相處，有些事是可以商量。」我知道我們已經達成更好的共識了。

後記　生活在行動裡

　　曾經有一位老師父，在臨終前，他靜心地等候這重要的一刻來臨。這時，一位小徒弟突然想到一件事，他趨前提醒老師父。

　　小徒弟說：「師父，師父，您不是很愛吃蛋糕嗎？」

　　老師父微睜眼睛，若有所悟地說：「是呀！」

　　於是，小徒弟很快地跑去拿了一塊蛋糕來。

　　「師父，蛋糕來了。」

　　老師父接過蛋糕，一口一口慢慢地吃起來，一邊吃，還一邊說：「這塊蛋糕真的很好吃！這塊蛋糕真的很好吃！」

　　當老師父吃完蛋糕時，他躺下身子，然後平靜地走了。

　　這位師父在吃那塊蛋糕時，他沒有「懊惱過去」為什麼不多吃一點，也沒有「擔心未來」的下一刻即將離開人世，再也吃不到蛋糕了。他就是在活著的「現在」，帶著「感謝」和「享受」的心情，認認真真地把眼前的蛋糕吃下去。

　　這個故事讓我有著領悟和感動。領悟的是：這塊「蛋糕」其實也代表著目前在我身上所擁有的一切，例如：家人、親友、健康、能力、財物……。感動的是：原來我如果學會了活在當下的「行動」裡，就不用背負著一些「過去」和「未來」的情緒包袱。

　　當有聽眾朋友好奇地問我：「吳老師，你每天都這樣快樂嗎？」

　　我的回答是：「是的，我每天幾乎可以維持在一個心情愉悅

的情緒狀態中，但是並不代表我從來不會碰到困難挫折的事，過去我曾經一個心結背負了一、二十年，也常常情緒起起伏伏。現在的我在面臨問題時，已經會運用情緒管理的方法在最短的時間內，把自己調整回來。」

是的，我的快樂是學習來的。

而我的竅領就像那位師父一樣——讓自己活在當下的行動裡。

這裡所謂的「行動」，並不是說我隨時隨地緊張地在活動當中，而是碰到情緒轉到負向時，馬上進入「自我覺察」，並且經過「三 W」的過程。

What ——我現在面臨什麼狀況？

Why ——為什麼會如此發生？

How ——下一步該怎麼做會更好？

其中百分之八十的比重放在「How」，經常以「馬上行動」的方式來調整。例如：立刻聽美好的音樂、再度和對方和諧溝通、講自我激勵的話語，或是進入「自我探索」等。

總之，我要讓自己儘快遠離沮喪、悲傷、憤怒、失望……然後情緒走向——振作、信心、有趣、樂觀……

有個說法：「這世界上有兩種人，一種是找到方法的人，一種是找到藉口的人。」

相信各位讀者朋友和我一樣，在認真成長的人生旅途中，我們都是多角度在尋找「情緒管理」的好方法，同時以「馬上行動」來善待自己。

國家圖書館出版品預行編目資料

情緒化也沒關係 / 吳娟瑜 著. -- 初版. -- 新北市 : 啟思出
版, 采舍國際有限公司發行, 2018.04
　　面；　公分
ISBN 978-986-271-813-1（平裝）

1.情緒管理　　2.生活指導

176.52　　　　　　　　　　　　　107002065

情緒化也沒關係

本書採減碳印製流程
並使用優質中性紙
（Acid & Alkali Free）
最符環保需求。

出 版 者 ▶ 啟思出版
作 　 者 ▶ 吳娟瑜
品質總監 ▶ 王寶玲
總 編 輯 ▶ 歐綾纖
文字編輯 ▶ 孫琬鈞
美術設計 ▶ 蔡瑪麗
內文排版 ▶ 新鑫電腦排版工作室

郵撥帳號 ▶ 50017206采舍國際有限公司（郵撥購買，請另付一成郵資）
台灣出版中心 ▶ 新北市中和區中山路2段366巷10號10樓
電　　話 ▶（02）2248-7896　　　　傳　真 ▶（02）2248-7758
I S B N ▶ 978-986-271- 813-1
出版日期 ▶ 2018年4月初版

全球華文市場總代理 ▶ 采舍國際
地　　址 ▶ 新北市中和區中山路2段366巷10號3樓
電　　話 ▶（02）8245-8786　　　　傳　真 ▶（02）8245-8718

全系列書系特約展示
新絲路網路書店
地　　址 ▶ 新北市中和區中山路2段366巷10號10樓
電　　話 ▶（02）8245-9896
網　　址 ▶ www.silkbook.com

線上 pbook&ebook 總代理 ▶ 全球華文聯合出版平台
地　　址 ▶ 新北市中和區中山路2段366巷10號10樓
主題討論區 ▶ www.silkbook.com/bookclub　　● 新絲路讀書會
紙本書平台 ▶ www.book4u.com.tw　　　　　● 華文網網路書店
電子書下載 ▶ www.book4u.com.tw　　　　　● 電子書中心（Acrobat Reader）

華文自資出版平台
www.book4u.com.tw
elsa@mail.book4u.com.tw
sunwork@mail.book4u.com.tw

全球最大的華文自費出版集團
專業客製化自資出版‧發行通路全國最強！